HISTOIRE MONDIALE MINUTE

W0334621

HISTOIRE MONDIALE MINUTE

200 concepts clés expliqués en un instant

Tat Wood Dorothy Ail

v

Éditions **CONTRE-DIRES**
19, rue Saint-Séverin
75005 - Paris

Sommaire

LES PÉRIODES MÉDIÉVALES

L'ÂGE DES EMPIRES

LES XXe ET XXIe SIÈCLES

Introduction

Afin de dévoiler les réalisations humaines, nous avons choisi deux cents textes brefs obéissant à des critères spécifiques. Telle péripétie ou tendance, telle nation ou personne a-t-elle déclenché un « effet domino »? Fait-elle partie des informations qu'un lecteur occasionnel, en parcourant ce livre, voudrait trouver rapidement? Les épisodes qui y sont relatés résultent d'une double réflexion : inscrits, d'une part, dans la conscience collective (peut-être sans que la plupart des gens en connaissent les raisons – Ivan IV de Russie était-il aussi terrible qu'on le dit?), ils expliquent, d'autre part, l'enchaînement des événements jusqu'à l'époque actuelle.

D'âpres discussions s'en sont suivies de part et d'autre de l'Atlantique sur les raisons qui ont motivé nos choix. Même si certains textes abordent le mode de propagation des idées, la plupart sont le fruit de rencontres interculturelles, principalement sur le plan militaire ou commercial – voire les deux. Nous nous sommes également employés à émailler des récits lapidaires de massacres de thématiques sous-jacentes plus positives.

Chacun des thèmes traités ici pourrait faire l'objet d'un ouvrage dédié, mais ce livre est un bon outil de base pour ceux que l'histoire intéresse. Nous avons été amenés à écarter de nombreux sujets de prédilection tels que Sabbataï Tsevi, la cité perdue du Zimbabwe, la guerre franco-prussienne, la prohibition ou l'invention du roman. Plus l'ouvrage s'approche de notre époque actuelle, plus il devient eurocentrique. La raison en est toute simple : la trame du récit des cinq cents dernières années se fonde sur l'histoire d'Européens qui, après s'être approprié de nombreux lieux, sont invités à les quitter.

Cette publication n'a pas d'autre ambition que de vous offrir un point de départ. Nous espérons qu'elle sera suffisamment complète pour avoir une utilité dans votre vie quotidienne, étancher votre soif de connaissances et vous donner envie d'en apprendre davantage.

Tat Wood et Dorothy Ail

Lucy et ses semblables

Fossile de l'espèce *Australopithecus afarensis*, Lucy compte parmi les squelettes les plus célèbres jamais trouvés. Découverte en Éthiopie en 1974, elle date d'environ 3,2 millions d'années. Il s'agit d'un hominidé se tenant droit et capable de marcher sur ses deux pieds.

L'histoire de l'évolution humaine se déroule en amont et en aval de ce point de référence. Les hominidés forment un groupe taxinomique auquel appartiennent les humains et leurs plus proches parents, les grands singes – gorilles, chimpanzés, orangs-outangs. Les bonobos font l'objet d'une controverse, à savoir qu'ils seraient plus proches de Lucy que des humains modernes ; jusqu'à récemment, à l'échelle de l'évolution, les hominidés partageaient un ancêtre commun et se sont différenciés il y a peut-être environ 6 millions d'années. Les australopithèques semblent avoir été les premiers hominidés à se redresser et à adopter la marche bipède voici environ 4 millions d'années. Leur cerveau est plus petit que celui des singes modernes et leur extinction remonte à 2 millions d'années. Toutefois, ils sont capables de fabriquer des outils et sont à l'origine de l'évolution du genre *Homo* – qui englobe les humains modernes.

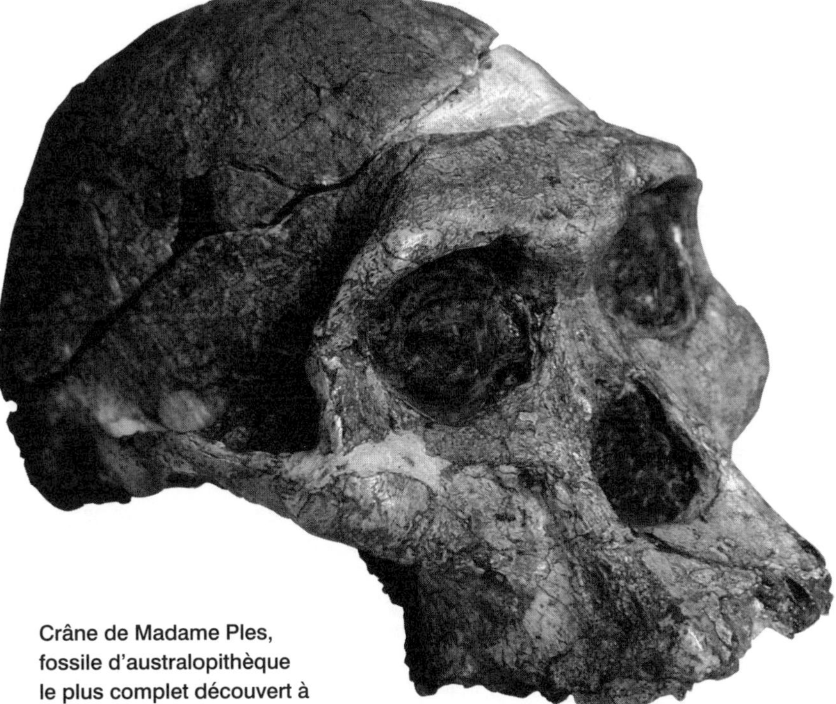

Crâne de Madame Ples, fossile d'australopithèque le plus complet découvert à ce jour.

Outils, arts et croyances

Bien que de nombreux animaux soient passés maîtres dans l'art de manipuler des objets comme des brindilles qu'ils utilisent pour attraper la nourriture nichée dans des endroits inaccessibles, les humains constituent l'exemple le plus évident de ce que les psychologues appellent « la théorie de l'esprit ». L'art primitif prouve qu'il est aussi ancien que l'humanité – les représentations d'individus et d'événements et les manifestations physiques de processus mentaux, réalisées pour être reconnaissables par les autres, s'accompagnant d'autres aptitudes notoires.

La première est la capacité d'un individu à imaginer ce que va faire son voisin. La communication verbale peut dépasser les frontières de l'information et des ordres pour se muer en narration et en tentatives de deviner les réactions d'autrui : les régions concernées du cerveau se développent rapidement dans ce même laps de temps (certains ont suggéré que la propension des gens à colporter des rumeurs marque la naissance de la civilisation). La deuxième porte sur l'habilité à relayer des notions complexes et abstraites, notamment des plans de chasse ou de futurs projets, autant d'éléments invisibles à l'œil nu. Troisième corollaire, la prise de conscience que ces aptitudes prennent fin avec la mort : il est surprenant de voir que des humains sont enterrés très tôt avec des objets personnels.

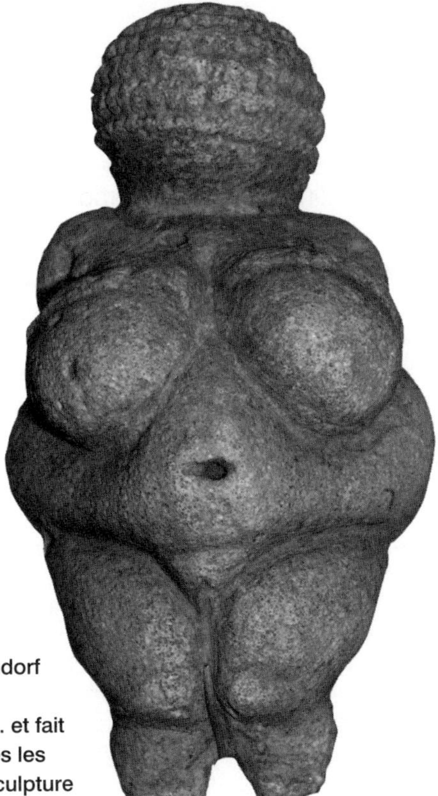

La Vénus de Willendorf date d'environ 26 000 ans av. J.-C. et fait partie des exemples les plus célèbres de sculpture préhistorique.

Les migrations hors d'Afrique

Le genre *Homo* se caractérise par un crâne plus volumineux, mieux adapté à la survie ; son évolution s'est produite en Afrique il y a un peu moins de 2,5 millions d'années. Quant à ses prédécesseurs, les australopithèques, ils disparaissent peu après. Mary et Louis Leakey doivent leur célébrité à leur découverte en Tanzanie, dans les gorges d'Olduvai, du site de l'*Homo habilis*. Il s'agit d'un bipède s'apparentant à un petit singe et habile dans l'art de confectionner des outils en pierre (d'où son nom). Par la suite, les hominidés deviennent plus grands, plus forts et anthropomorphes.

Les fossiles montrent que les hominidés quittent l'Afrique pour se disperser en Europe et en Asie, au cours de nombreuses vagues débutant il y a 2 millions d'années environ (des doutes persistent quant au nombre d'espèces impliquées et, pour certaines d'entre elles, quant à leur date d'extinction). Au cours des millions d'années suivantes, ils semblent avoir développé la vocalisation, les groupes sociaux chasseurs-cueilleurs et l'utilisation du feu. Selon le consensus scientifique actuel, étayé par des études de l'ADN, l'homme moderne est apparu en Afrique il y a 200 000 ans avant de se disperser, remplaçant ou assimilant par des croisements les espèces d'hominidés déjà présentes.

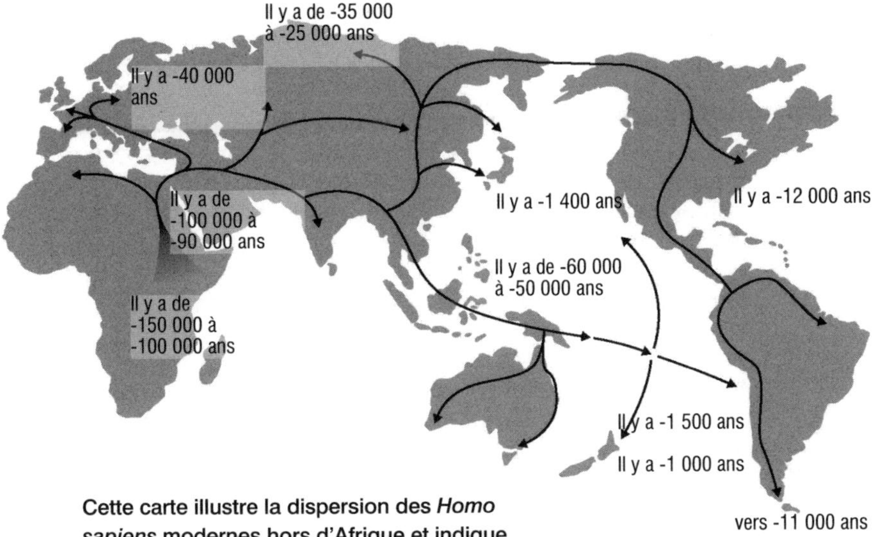

Cette carte illustre la dispersion des *Homo sapiens* modernes hors d'Afrique et indique les dates approximatives d'arrivée sur chaque continent. Il est à noter que, bien avant eux, d'autres espèces d'hominidés ont entrepris des périples analogues.

L'homme de Néandertal

L'homme de Néandertal, représentant fossile de l'espèce *Homo neanderthalensis*, est découvert en 1857 en Allemagne dans la vallée de Néander. Du fait de ses fortes ressemblances avec les humains modernes et de sa prédominance en Europe, il est le premier hominidé à avoir focalisé toutes les attentions. Il semble s'être installé sur ce continent suite à la première vague migratoire des hominidés hors d'Afrique et pourrait avoir disparu il y a environ 40 000 ans. Entre-temps apparaît l'*Homo sapiens* : il aurait quitté l'Afrique voici 60 000 ans et pourrait avoir joué un rôle important dans l'extinction des Néandertaliens. À ce jour, les recherches génétiques d'éventuels croisements ne sont toujours pas concluantes.

Jusqu'alors, les scientifiques avaient supposé que l'homme de Néandertal était un être dénué d'intelligence et incapable de se tenir droit, en grande partie parce que l'un des premiers squelettes découverts avait de l'arthrite. Des découvertes plus récentes ont révélé sa puissance physique ; en outre, de plus en plus d'éléments attestent de sa capacité cérébrale importante et de son aptitude à un raisonnement abstrait. Il a également la capacité physique de parler, même si elle reste limitée. Il sait fabriquer des outils en silex sophistiqués et se plie à des rites religieux, comme l'atteste la découverte de nombreux sites funéraires.

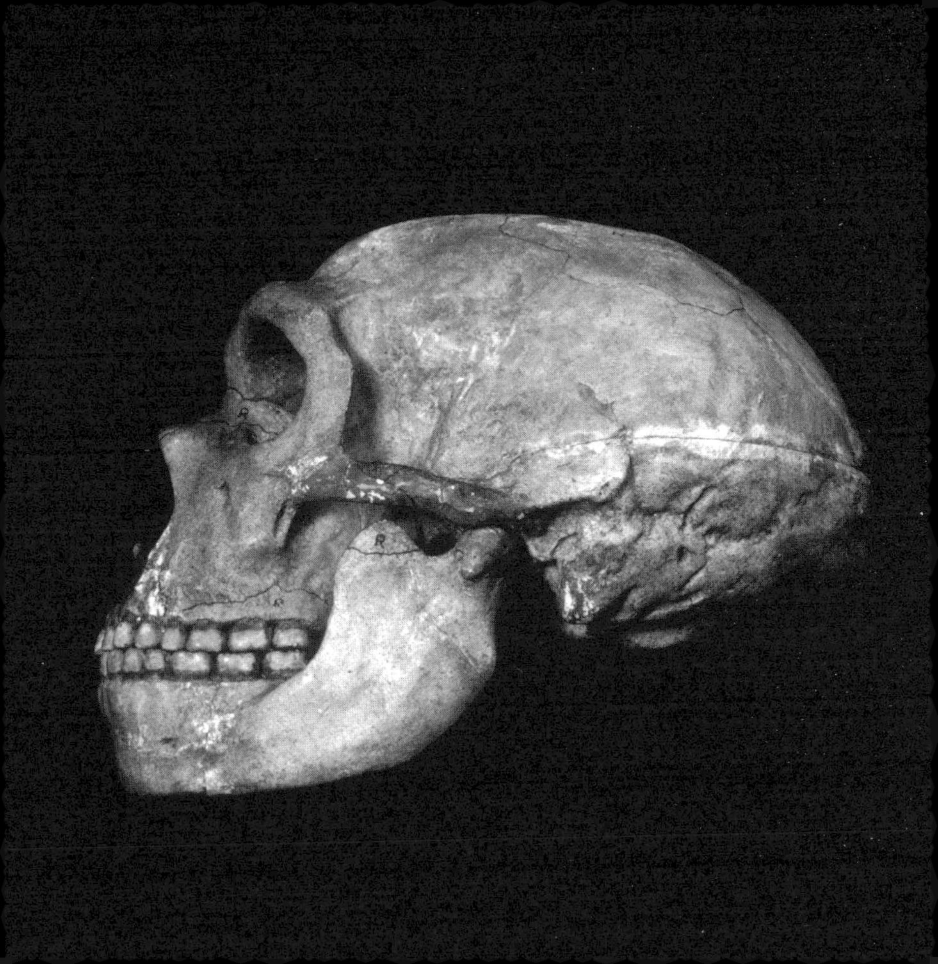

Les âges glaciaires

Le pléistocène débute il y a 2,58 millions d'années. Il connaît plusieurs phases, pendant lesquelles on assiste à une baisse spectaculaire des températures moyennes terrestres et à l'étendue des calottes polaires vers les tropiques. Ces périodes sont regroupées sous quatre grands âges glaciaires marqués par des températures froides et une épaisse couche de glace continentale (équivalente, à certaines époques, à un tiers de la surface terrestre), entrecoupés par des périodes interglaciaires de dix à quinze mille ans.

Les populations nomades trouvent refuge dans des grottes ; elles ont recours au feu, à des armes et au langage pour chasser dans la toundra. Les besoins en surfaces fourragères de leurs proies ne cessant d'augmenter, les humains sont contraints, pour continuer à les chasser, de se disperser largement sur les continents. La baisse du niveau des mers ouvre des voies de passage terrestres à l'emplacement des océans actuels ; ainsi, il est à noter que les Amériques ont été peuplées par des humains se disséminant à partir de la Mongolie ; quant aux chevaux, ils ont évolué en Amérique, mais ont migré vers l'est avant de s'éteindre dans leur pays natal. Même si on note un refroidissement climatique vers 1 300 av. J.-C., d'une durée d'environ cinq cents ans, la dernière glaciation importante a pris fin il y a 10 mille ans.

L'Océanie

À l'époque des premières espèces d'hominidés, les îles du Pacifique sont inhabitées. Puis, grâce à l'apparition de ponts terrestres à l'époque glaciaire, les humains modernes s'établissent aux Philippines, en Australasie et dans les autres régions du monde vers -40 000 ans au plus tard (longtemps après les tout premiers bateaux connus). La Polynésie orientale aurait été colonisée par des marins sud-américains ayant suivi le courant de Humboldt. On assiste au développement d'une agriculture avancée en guise de complément à la pêche.

Les milliers d'îles séparées par d'immenses golfes océaniques ont fait l'objet d'une colonisation inégale. Certaines d'entre elles, notamment Hawaï et l'île de Pâques, sont restées inhabitées jusqu'au milieu du premier millénaire après Jésus-Christ. Un tel isolement a donné naissance à une formidable diversité linguistique. Il n'existe pas seulement des centaines de langues différentes, mais aussi plusieurs familles linguistiques distinctes (dans des civilisations ne connaissant pas l'écriture, la tradition orale connaît un très grand essor). Les philologues sont en mesure de retracer les changements linguistiques : pour ce faire, ils datent le peuplement de chaque île et suivent l'ascension et la chute d'empires mouvants, régis par de puissants chefs religieux et divers systèmes de classes.

Ce moulage en plâtre d'un
Maori Arawi met en évidence
les motifs tribaux détaillés de tatouages.
La Nouvelle-Zélande fait partie des dernières
régions d'Océanie à avoir été peuplées par
l'homme voici huit cents ans.

L'expansion néolithique

À la fin du dernier âge glaciaire, l'humanité entre dans une ère marquée par une complexification technologique croissante. Pour des raisons qui donnent toujours lieu à débat, de nombreux grands mammifères chassés par les humains disparaissent, favorisant le développement de nouvelles sources de nourriture. La fabrication de pain est bien antérieure à cette période, mais les habitants de Mésopotamie se lancent dorénavant dans la culture de céréales sauvages et de légumineuses. Au cours des millénaires, les chiens sont domestiqués ; quant à la domestication des chèvres, moutons, chevaux, chameaux et, surtout, des vaches, elle ouvre la voie à l'élevage nomade.

Vers 5 000 av. J.-C., l'élevage du bétail est ancré dans la vie sociale ; ainsi on assiste à un abandon généralisé de la chasse et de la cueillette en faveur de modes de vie sédentaires. On crée de plus en plus d'objets en poterie très utiles et on voit apparaître des édifices permanents en briques de boue. Ces technologies dépassent les frontières du Moyen-Orient pour s'étendre dans tout l'Ancien Monde. En revanche, dans les Amériques, l'agriculture se développe de façon indépendante et le lama est le seul animal à être domestiqué. Avec l'arrivée du bronze, la pierre est moins présente dans la fabrication d'outils mais prédomine dans la construction de bâtiments.

Le bronze et le fer

Tout premier alliage travaillé par l'homme, le bronze est composé de cuivre et d'étain, ce qui nécessite de procéder à des échanges commerciaux avec des régions éloignées productrices de minerais. Auparavant, l'or et le cuivre étaient fondus, en grande partie à des fins décoratives ; mais, on a découvert que les outils et les armes en bronze ont une durée de vie et des performances supérieures à la pierre. À compter de 3 500 av. J.-C. environ, leur utilisation s'étend depuis la Mésopotamie, permettant à différentes cultures de perfectionner leurs recettes et techniques. Il semblerait que la découverte ultérieure de techniques analogues dans les Amériques se soit effectuée indépendamment de cette évolution.

Outils et épées survivent à leurs propriétaires, il devient possible d'en hériter, mais aussi de se les faire voler. Parallèlement au développement des villes se créent des armées professionnelles. Les champs sont labourés et hersés ; les techniques plus anciennes utilisant l'argile et la cire trouvent de nouvelles applications dans la fonte des métaux. Jusqu'ici, les expériences réalisées avec le minerai de fer donnaient un métal cassant et corrodant. Vers 610 av. J.-C., les changements climatiques entraînent des migrations massives, il devient plus facile d'extraire le minerai de fer en Europe que d'importer l'étain. Dans d'autres pays, notamment au Japon et en Afrique du Sud, l'arrivée du bronze et du fer est quasi simultanée.

La Mésopotamie

La Mésopotamie tient son nom de l'expression grecque désignant « le pays entre deux fleuves ». Le Tigre et l'Euphrate, aux cours quasiment parallèles, prennent leur source dans le Zagros et le Taurus (la Turquie moderne et la région irakienne de Mossoul) ; ils s'écoulent vers le sud-est pour se rejoindre près de Bassora, traversant une plaine fertile entourée de désert. Des poteries originaires de la région, datant de dix mille ans, retracent la migration vers le sud de colonies de fermiers concomitamment aux changements climatiques. La découverte au néolithique de graminées mutantes aux graines gonflées plus faciles à séparer de leurs plants conduit bientôt à l'émergence de cultures sélectionnées. L'épeautre, le seigle, l'orge et le lin sont cultivés de façon sélective (même si ce point est sujet à controverses parmi les agriculteurs) et plantés dans des champs labourés avec des bœufs. Avec l'avènement du bronze, le labour et les récoltes réclament moins d'efforts.

Le besoin de prévoir et, dans une certaine mesure, de contrôler l'eau et les récoltes affermit le rôle des prêtres, des rois dynastiques et des fermes permanentes spécialisées dans les monocultures. Des processus analogues surviennent dans la vallée de l'Indus en Inde et sur le fleuve Jaune en Chine (où le riz précoce constitue la céréale de base).

Alors que le riz arrive en Mésopotamie et l'Inde et que le bronze parvient en Chine, il est tentant d'avancer l'hypothèse de l'existence d'échanges entre ces pays ; toutefois, le schéma de développement peut être une pure coïncidence. La Mésoamérique suit un modèle analogue, fonctionnant, en apparence, également de façon indépendante. Vers 4 400 av. J.-C., les cités se pérennisent et se fortifient : Suse en Iran, et Ur, à proximité de la confluence des deux fleuves, sont de véritables villes. Leurs possessions doivent être enregistrées et protégées, nécessitant des clercs et des armées.

Les premiers comptes sont enregistrés sous forme d'empreintes dans l'argile tendre, à partir desquelles sont élaborés, vers 3 100 av. J.-C., les tout premiers alphabets et systèmes arithmétiques – l'écriture boustrophédon alterne le sens du tracé de gauche à droite et de droite à gauche, comme la charrue dans un champ. Avant eux, on utilisait des notes pictographiques se lisant de haut en bas. La forme écrite de la langue sumérienne, transcrite pour imiter sa forme parlée, apparaît vers 2 600 av. J.-C. ; les édits et les chroniques sont étayés par des mythes tels que l'épopée de Gilgamesh. Il faudra des décennies pour apprendre l'écriture, suggérant que celle-ci était limitée à une frange spécifique (y compris les femmes). On peut aussi identifier de nombreuses autres spécialités, notamment l'architecture, la sculpture, le brassage et la métallurgie. Très surprenant : Ku-Bawa, cabaretière, figure sur la liste royale sumérienne après 2 500 avant J.-C. ; ultérieurement, elle est assimilée à diverses déesses mères.

Babylone

Malgré l'absence de ressources naturelles en pierre ou en bois, la Mésopotamie se révèle être le berceau d'empires puissants, s'élevant sur les fondations de villes peuplées telles que Babylone, Ur, Jéricho, Samara et ultérieurement Ninive. Nombre d'entre eux ont laissé dans l'histoire le souvenir de régimes tyranniques (même si, bien entendu, des récits comme la Bible sont écrits par les vaincus).

Fondée par Sumu-abum en 1894 avant J.-C., Babylone se hausse au rang de ville impériale sous Hammurabi (1792-1750 av. J.-C.). Maintes caractéristiques des cités ultérieures se développent ici : loi écrite, écoles, impôts, boutiques et voies de circulation. La présence de roues, à l'origine utilisées pour la poterie, est dorénavant si courante sur les charrettes qu'on construit des routes spécifiquement à cette fin. La numération babylonienne en base soixante perdure encore de nos jours au cœur de nos systèmes liés à la géométrie et à la gestion du temps. Le règne de Babylone sur la Mésopotamie s'étend pendant un siècle pour ressurgir (après la conquête par les Hittites et le règne assyrien) sous Nabuchodonosor II (634-562 av. J.-C.) lorsque ce dernier attaque l'Égypte puis détruit Jérusalem, Tyr et Ninive. La cité reconstruite et ses jardins suspendus subsistent pendant des siècles.

L'Égypte unifiée

La civilisation égyptienne connaît un essor rapide dès l'arrivée, en provenance de la Mésopotamie, de l'agriculture. Cette dernière se concentre autour des crues régulières et prévisibles du Nil, convoyeur d'irrigation et de limon fertile. Le pharaon, incarnation du dieu vivant, est censé être le garant du lever du soleil et de la régularité des crues du fleuve ; pour ce faire, il recourt à différents rites inscrits dans les textes en hiéroglyphes – « l'écriture des prêtres ». Deux royaumes phares se développent : la Basse-Égypte autour du delta du Nil et la Haute-Égypte, à la frontière soudanaise. Leur unification, qui date de vers 3 000 av. J.-C., est l'œuvre du pharaon Ménès, fondateur de la première dynastie égyptienne (sur un total de trente-et-une). Peu de temps après, une nouvelle capitale, Memphis, sort de terre. Les dynasties se succèdent ; d'âpres conflits régionaux et des guerres civiles définissent les périodes de l'Ancien, du Moyen et du Nouvel Empire.

La première pyramide à degrés, érigée par Imhotep, brillant architecte, remonte à environ 2 630 av. J.-C.. Elle est le fruit de l'évolution des mastabas. La grande pyramide de Khéops, bâtie mille ans plus tard, est la seule survivante des sept merveilles du monde décrites par Hérodote.

Le judaïsme

Les récits bibliques et les découvertes archéologiques sont quasi unanimes : il existait jadis deux royaumes voisins, Juda au sud et Israël au nord, partageant la même religion monothéiste. La Bible prétend que la chute du royaume de Juda est la conséquence d'une tolérance à l'égard d'autres dieux, mais nul ne le sait : l'hypothèse actuelle consiste à dire que le royaume était un état vassal de l'Assyrie. De fait, le roi de Babylone Nabuchodonosor efface de la carte la capitale du royaume de Juda, Jérusalem, ainsi que son temple, vers 600 av. J.-C., et ordonne la mise en captivité d'une partie de ses habitants. Cet exil a inspiré le « Tanakh », terme désignant les Écritures hébraïques : une grande partie existait déjà, mais le canon est établi à cette période et marque la domination culturelle babylonienne.

Toutefois, la majeure partie de la population reste en Israël. Cette situation est source de conflits lors de la prise de Babylone par le conquérant perse Cyrus le Grand, qui donne l'autorisation aux exilés de retourner dans le Levant et de rebâtir leur temple.

Par la suite, Israël et la province de Yehoud (ancien royaume de Juda) accentuent leur autonomie, regagnant leur indépendance au cours du IIe siècle av. J.-C. sous le règne des Maccabées (profitant de l'affaiblissement de l'Empire séleucide, successeur des Babyloniens). Après son invasion en 63 av. J.-C. par le célèbre général Pompée, la région devient une province romaine.

Une rébellion de grande ampleur de la population juive éclate en 70 ; le second temple est détruit alors que la ville est mise à sac par les Romains. Toutefois, la résistance juive face à l'Empire romain se poursuit de façon sporadique jusqu'à 136 av. J.-C., date à laquelle la révolte de Bar Kokhba contre l'empereur Hadrien, farouche antisémite, conduit à l'anéantissement d'Israël et à l'avènement de la diaspora (dispersion de la communauté juive à travers l'Europe). D'autres Juifs ayant déjà migré vers l'est à l'époque romaine, ils deviennent des contacts utiles pour le califat abbasside et l'Espagne de la Convivencia, puis pour Venise et l'Empire ottoman. Les commentaires talmudiques et les traditions rabbiniques sont dorénavant la pierre angulaire d'une foi apatride. Entre-temps, le christianisme est considéré comme une ramification du judaïsme jusqu'à la convocation par Constantin du concile de Nicée en 325. Alors que l'Europe embrasse cette foi, les Juifs immigrés se muent en boucs émissaires objets de toutes les haines ; on les accuse d'être responsables de la peste noire et les pogroms tsaristes contraignent nombre d'entre eux à quitter l'Europe orientale et la Russie pour se réfugier en Amérique et dans l'est de Londres à la fin du XIXe siècle. Cette tendance, qui trouve son apogée dans l'Holocauste, conduit à la création de l'État moderne d'Israël en 1948.

La Crète minoenne

La plus grande île grecque est le berceau de la première civilisation égéenne marquante, incarnant l'apogée de la culture minoenne de l'âge du bronze et rayonnant entre les XXVIIe et XVe siècles av. J.-C. À l'exemple des Phéniciens, avec lesquels ils font du commerce, les Minoens s'avèrent être des marins expérimentés, entretenant des relations commerciales avec l'Égypte et la Méditerranée orientale. Ils utilisent le linéaire A, écriture encore non déchiffrée de nos jours ; quant au linéaire B, il serait une forme archaïque du grec ancien. Ils érigent un grand nombre de villes et de palais dont le plus célèbre est celui de Cnossos, source d'inspiration des mythes grecs liés au labyrinthe en raison de son étendue et de sa complexité. On note également la présence du taureau dans des rites religieux.

Le déclin de la culture minoenne tient à plusieurs événements : des tremblements de terre secouent l'île à plusieurs reprises et une catastrophe naturelle au XVe siècle av. J.-C., probablement l'éruption du volcan voisin de Santorin, sont à l'origine de bouleversements majeurs. Les pôles culturels se déplacent dorénavant vers la civilisation mycénienne qui se répand progressivement en Grèce continentale. Enfin, on avance que Platon avait puisé son inspiration dans le récit de la destruction rapide d'une civilisation sophistiquée pour écrire sur l'Atlantide.

Les Phéniciens

Peuple originaire des cités maritimes méditerranéennes florissantes d'environ 1 500 à 539 av. J.-C., les Phéniciens fondent de nombreuses colonies, notamment à Marseille, Carthage et Cadix ; toutefois, le Levant – les côtes syriennes et libanaises modernes approximativement – constitue leur bastion. Manquant de ressources naturelles, sauf de bois, ils se transforment en fabuleux marins, constructeurs de bateaux et commerçants, se forgeant une réputation de marchands réussissant en affaires, mais dépourvus de tout sens moral. Les routes méditerranéennes – qu'ils marquent de leur empreinte – relient des voies terrestres traversant des régions éloignées et leur permettent de transporter l'argent, la soie, l'ivoire, les coquilles de murex, l'étain, le verre et la céramique grâce à leurs navires rapides. On leur attribue généralement l'invention de l'alphabet – on note l'existence de systèmes sacerdotaux rudimentaires peut-être un millénaire avant la transcription par les Phéniciens de leur langue cananéenne vers 1 000 av. J.-C. Toutefois, la phonétique de leur version facilite la transcription de nouveaux mots et les échanges commerciaux contribuent à sa diffusion rapide. Le Perse Cyrus le Grand conquiert la Phénicie en 539 av. J.-C. ; quant à Alexandre le Grand, il l'envahit au IVe siècle av. J.-C., colonisant Sidon et Byblos de façon pacifique, mais massacrant la population de Tyr.

Akhenaton

En 1353 av. J.-C., le pharaon Amenhotep IV succède à son père, connu pour son règne long et prospère. Toutefois, au cours de sa troisième année de règne sur l'Égypte, il se rebaptise Akhenaton et décrète que tous les dieux anthropomorphiques doivent se soumettre au disque solaire Aton. En outre, même si le pharaon est un dieu vivant, désormais toute la famille royale, y compris sa femme Néfertiti et ses enfants, doit être déifiée. Afin de faciliter cette mutation religieuse, il fonde une nouvelle capitale, Amarna, ordonne la destruction de toutes les images ne s'apparentant pas à Aton et commande des représentations de la famille royale intimes quoique curieusement androgynes.

Suite à sa mort brutale en 1340 av. J.-C., ses traces sont effacées de l'histoire jusqu'à la redécouverte d'Amarna en 1714. Son règne est suivi par une période de vide, durant laquelle Néfertiti aurait pu régner seule avant que son frêle fils Toutankhamon ne devienne le pion de prêtres œuvrant pour un retour aux anciennes traditions. Les quelques fragments captivants de sa vie qui subsistent à ce jour font d'Akhenaton l'objet de diverses interprétations contemporaines.

Portrait très stylisé d'Akhenaton et de sa famille.

Les civilisations mésoaméricaines

La Mésoamérique est le terme général utilisé pour définir une aire comprenant le Mexique et l'Amérique centrale ainsi que les civilisations qui s'y implantent. Les Olmèques (vers 1200-400 av. J.-C.) développent de nombreuses pratiques qui ont ensuite caractérisé la région, y compris de vastes réseaux d'échanges commerciaux, le calendrier, les jeux de balle, les pyramides à degrés et les glyphes – représentations graphiques – (la culture du maïs date déjà de plusieurs millénaires). Leurs successeurs sont les Mayas : à l'origine des cités-États, ils élaborent un système numérique, une langue écrite complète et une religion complexe. À son tour, cette culture décline progressivement à partir du IXe siècle, époque à laquelle de nombreuses cités du sud sont abandonnées (peut-être en raison d'une sécheresse prolongée).

Au nord, la civilisation maya continue à prospérer ; parallèlement, l'Empire aztèque – qui se définit par un groupe linguistique différent et des rites religieux plus sanglants – voit le jour dans le centre du Mexique vers le XIIIe siècle. Les conquistadors y mettront un terme : la culture maya, plus répandue, survivra mieux que les Aztèques aux incursions espagnoles. En témoignent les millions de personnes qui parlent les langues mayas de nos jours.

L'Assyrie

Ce petit empire mésopotamien voisin du royaume babylonien et de l'Empire hittite connaît une période de consolidation, puis une phase d'expansion sous Teglath-Phalasar Ier (1174-1096 av. J.-C.) pour finir par un effondrement total. Il doit sa restauration à Assurnasipal II (883-859 av. J.-C.), fondateur d'une nouvelle capitale, Ninive. Par la suite, Salmanazar III (858-824 av. J.-C.) étend sa puissance au royaume de Juda, où il combat le roi Achab. Quant à Teglath-Phalasar III (744-727 av. J.-C.), après avoir pris Damas et Gaza, il parvient à conclure un compromis avec Babylone.

Les Assyriens sont des précurseurs en termes de déportation des peuples vaincus : Sargon II, général qui, à défaut d'hériter du royaume, prend le pouvoir, conquiert le royaume de Juda et des régions d'Égypte, y compris Babylone. Pendant son périple, il fait des prisonniers et prélève des tributs. La succession rétablie, Assarhaddon (680-669 av. J.-C.) combat en Anatolie et reprend la campagne égyptienne. Toutefois, suite à la prise de Thèbes par son successeur Assurbanipal – qui lui permet d'étendre l'empire –, celui-ci fait face à des rébellions internes et à des révoltes en Babylonie. Après le mariage de Nabuchodonosor II, roi de Babylone, avec une princesse mède, l'alliance anti-assyrienne s'empare de Ninive et signe la fin de l'empire.

Le fer

Des vestiges de forges et des objets fabriqués, remontant à environ 1700 av. J.-C., ont été trouvés en Inde, en Mésopotamie et au Botswana. On recourait alors à du fer présent à l'état pur dans les météorites. Le raffinage de l'hématite ne débute que vers 1300 av. J.-C.. Purifier ce minerai de fer s'avère être un processus laborieux, qui produit un minerai de qualité inférieure. Même le bronze est moins cassant que le fer primitif. Toutefois, l'emploi de hauts fourneaux plus perfectionnés requiert moins de savoir-faire et réunit les techniques de fabrication du pain ou de la poterie ; ils permettent de transformer la fonte produite en métal durable soumis à des opérations de martelage et de forgeage intensives. Il incombe d'éviter l'oxydation, la technique la plus usitée intègre donc un four fermé en argile utilisant du charbon de bois afin d'absorber les impuretés et l'oxygène. Le « fer forgé » retravaillé est plus ductile que la fonte.

Après avoir maîtrisé ces techniques, il est possible de fabriquer du fer sur tous les sites où l'on trouve du minerai, de la boue et du bois, du cuir pour les soufflets ainsi que des hommes robustes jusqu'alors inoccupés (la mythologie et l'histoire nous enseignent que le forgeron du village est souvent un ancien soldat boiteux). Très répandus, les minerais sont plus accessibles que le bronze. Le moulage au sable du fer fondu permet de fabriquer en masse des pointes de flèche et des clous : ce fer à usage militaire contribue à asseoir l'Empire assyrien, l'Empire Satavahana dans le centre de l'Inde et plus tard les Han en Chine, pays où, semble-t-il, le fer apparaît tardivement, vers le début de la période des Royaumes combattants. Toutefois, sous le règne du Wu, État prospère, il connaît un développement tel qu'il donne naissance à un traitement sophistiqué de l'acier ; ses propriétés magnétiques y sont remarquées vers l'an 100 et, huit cents ans plus tard, exploitées grâce à des boussoles en forme de cuillères qui pointent toujours vers le nord. D'autres pays, notamment l'Espagne et le Sri Lanka, produisent des volumes limités d'acier et, pour ce faire, retravaillent de petites quantités de fer, suffisantes pour confectionner des dagues de Tolède ou des épées de samouraïs, mais insuffisantes pour construire des poutres. Le secret réside dans un contrôle précis des impuretés de carbone, contribuant à produire des alliages beaucoup plus résistants.

La production massive d'acier à partir d'un minerai jusqu'alors inutilisable a transformé le monde. Elle a inauguré l'ère de la production manufacturière à grande échelle, fondée sur la vapeur, la grande charrue, élément à même de lancer la révolution agraire, voire l'exploration de l'espace. L'acier permet de construire des gratte-ciel, de fabriquer des instruments chirurgicaux stérilisables, des câbles et des composants de précision. Il rend possible la fabrication de moteurs de haute performance ainsi que la création de nombreux objets, de la coutellerie de haute qualité à la réfrigération.

La République romaine

Selon la tradition, la fondation de Rome remonte à 753 av. J.-C. La mythologie l'attribue aux jumeaux Romulus et Remus, parallèlement à l'avènement d'une monarchie à cette date. À l'époque, la culture étrusque s'épanouit dans le nord de l'Italie. Le nouveau royaume est en retrait jusqu'en 509 av. J.-C., date du renversement du tyran Tarquin (d'après la légende, suite au viol de Lucrèce par son fils Sextus) et de la fondation de la République sous l'autorité de deux consuls.

Le célèbre Sénat n'est pas particulièrement démocratique. Toutefois, on assiste à l'instauration d'une tradition de régime non monarchique qui, associée au précédent initié par les Grecs, aura une influence majeure sur le Siècle des lumières. Rome devient une grande puissance militaire, forte d'une armée permanente de légionnaires. La tentative d'attaque de l'Italie par un général grec donne naissance à un phénomène reconnu mondialement, dénommé une « victoire à la Pyrrhus » ; quant à Carthage, la grande rivale de Rome, elle est battue à plate couture lors des guerres puniques. Sous la férule de Jules César, la République prend le contrôle de la Méditerranée, règne sur les territoires s'étendant de l'Ibérie à la Macédoine et s'empare de l'Afrique du Nord.

Aujourd'hui en ruine, le forum était le cœur de la vie publique sous la République romaine.

Le bouddhisme

Gautama Siddharta (vers 563-483 av. J.-C.) est un noble indien qui, selon la tradition, devient moine après avoir été confronté à la souffrance du peuple. Alors que l'hindouisme soutient que la réincarnation est déterminée par le *karma*, désignant les actions réalisées au cours de nos vies, Gautama, le « Bouddha » (l'Éveillé) préconise de mettre à profit la vie passée sur terre pour se libérer de ce cycle éternel et atteindre le *nirvana* (synonyme d'extinction de tout désir humain). Par la suite, il sillonne l'Inde, s'efforçant de guider les êtres sur son « noble chemin octuple ». D'autres bouddhas lui emboîtent le pas, tout comme les bodhisattvas, individus qui progressent personnellement vers leur propre *nirvana* afin d'aider leurs frères humains.

Le bouddhisme se propage lentement dans toute l'Asie et compte aujourd'hui des millions d'adeptes dans le monde entier. Du fait de sa structure intrinsèquement flexible, il est compatible avec beaucoup d'autres religions, y compris l'hindouisme, même s'il tombe en disgrâce dans le pays qui l'a vu naître suite aux conquêtes safavides. La Chine notamment l'adopte, y intégrant des pratiques de Lao Tseu et de plusieurs sages taoïstes pour donner naissance au bouddhisme zen.

La bataille des Thermopyles

Darius, roi des Perses, n'a qu'une ambition, soumettre la Grèce, mais ses efforts se soldent par la victoire athénienne à Marathon en 490 av. J.-C. Dix ans plus tard, son fils, Xerxès Ier, après des préparations minutieuses, parvient à réunir une armée considérable. Selon l'historien grec Hérodote, elle aurait compté plusieurs millions de soldats, mais en réalité, elle aurait plutôt avoisiné les cent mille membres.

Environ sept mille volontaires, y compris les légendaires trois cents Spartiates commandés par Léonidas (représenté ci-contre), se dirigent vers le défilé des Thermopyles, reliant le nord et le sud de la Grèce, anticipant à merveille la tactique de Xerxès. Ils tiennent fermement leur position en phalanges et infligent de lourdes pertes aux Perses, notamment aux Immortels, troupes d'élite de Xerxès ; deux des frères de ce dernier trouvent également la mort. Alors qu'ils accusent des pertes limitées, le troisième jour, ils sont trahis et débordés. Fait inhabituel, Xerxès se montre impitoyable envers les survivants ; les récits relatant la vaillance des Spartiates ont inspiré la résistance grecque. Les Perses s'emparent de la majeure partie de la Grèce avant la bataille navale de Salamine, qui marque leur défaite, notamment en raison de la médiocrité des tactiques de Xerxès. La Grèce est unifiée. Toutefois, une génération plus tard, Sparte sollicite l'aide des Perses dans le cadre de la guerre du Péloponnèse contre Athènes.

La période des Royaumes combattants

Suite aux « Printemps et Automnes » chinois des cités-États en conflit, une phase attestant de la lutte de pouvoir entre États plus vastes conduit à l'avènement d'une Chine unifiée. En 475 av. J.-C., on recense six grands États entourant cinq États plus petits, mieux dotés en ressources. Le Qin est le dernier État à apparaître aux confins du sud-ouest ; toutefois, en 220 av. J.-C., ses dirigeants dits « barbares » règnent brièvement en maîtres absolus.

Au cours de cette période, Sun Tzu écrit *L'Art de la guerre* ; les chars sont remplacés par la cavalerie armée d'épées et de flèches en fer. En 453 av. J.-C., les États du Han, de Zhao et de Wei vainquent la dynastie Zhi lors de la bataille de Jinyang, entraînant un partage du super-État de Jin en trois territoires. Un siècle plus tard, Shan Yan, rejeton de Wei, devient Premier ministre du Qin ; il recourt à des lois draconiennes et au légalisme, ensemble de principes mêlant rigidité et philosophie confucéenne, pour transformer cet État de fond en comble. Son armée, soumise à un féroce entraînement, s'avère être sa Némésis. Toutefois, de 269 à 230 av. J.-C., le Qin constitue sa propre armée et des chaînes d'approvisionnement grâce auxquelles Shi Huang, premier empereur, finit par contrôler l'ensemble de la Chine. Après sa mort en 210 av. J.-C., les Han reprennent rapidement le pouvoir.

Lao Tseu

L'ouvrage influent que constitue le Tao Te King – également nommé le Dao De Jing – fait partie des nombreuses doctrines qui ont contribué au rayonnement religieux, philosophique et culturel du VIe siècle av. J.-C., époque à laquelle remontent également le bouddhisme, le confucianisme, le zoroastrisme et le Ramayana. On le considère tantôt comme l'œuvre d'un seul homme, tantôt comme le fruit de toute une tradition, mais sa paternité revient généralement à Lao Tseu, appelé aussi Lao Zi ou Laozi, le Seigneur suprême.

Le taoïsme interprète l'univers non pas en fonction d'états perpétuels, mais selon des cycles. Il tend à ignorer les distinctions apparentes ; les polarités homme/femme, dur/mou, lumière/obscurité, ying/yang sont des tendances et en aucun cas des absolus. S'approcher du tao – terme signifiant « voie », « chemin » – consiste à être, plutôt qu'à faire quelque chose. Cette pensée repose également sur le chi, énergie vitale, et constitue la pierre angulaire de pratiques comme l'acupuncture, le feng shui et le tai-chi. Après l'arrivée du bouddhisme en Chine, consécutive à la chute de la dynastie Han vers 220, le zen, bouddhisme infléchi par la doctrine taoïste, se développe. Suite à une interprétation erronée du dernier régime en place, les Occidentaux donnent à un mouvement de dissidence fomenté au XIXe siècle le surnom de « révolte des Boxers ».

Platon et Aristote

Deux philosophes athéniens incontournables développent deux approches radicalement différentes qui, des siècles après, continuent de diviser la pensée européenne. Platon (vers 424-347 av. J.-C.) écrit de nombreux dialogues, conversations fictives, généralement avec son mentor Socrate. Des questions de fond ont pour but d'aider l'élève malchanceux (Platon lui-même) à inférer des vérités à partir de ses propres règles de déduction logiques, processus appelé « méthode socratique ». *La République*, son ouvrage le plus célèbre, s'apparente à des méditations sur la nature d'un État idéal. Il fonde l'Académie, école accueillant – jusqu'à la conquête d'Athènes par les Romains – tous ceux désireux d'exercer leur pensée. À sa mort, Aristote (384-322 av. J.-C.) quitte cette institution. Il abandonne le fondement même de son enseignement, à savoir que le monde matériel est une approximation de la vérité transcendante, pour privilégier l'étude approfondie de la nature. Tuteur d'Alexandre le Grand, il écrit beaucoup et développe les idées platoniciennes relatives à la déduction pour les intégrer dans une logique formelle. Cette approche le conduit à poser en principe des modèles systématiques et identifiables d'un ordre naturel, à savoir la science. La plupart de ses œuvres sont perdues ; toutefois, les théologiens médiévaux semblent accepter aveuglément les idées qui leur sont parvenues, sans pour autant réussir à imiter son respect pour le questionnement rationnel.

Représentation de
Platon (à gauche)
et d'Aristote dans la
fresque de Raphaël,
L'École d'Athènes.

Le confucianisme et l'État bureaucratique

Kong Fuzi (551-479 av. J.-C.), dont le nom signifiant « Maître Kong » est anglicisé en Confucius, vit dans le royaume de Lu (Shandong moderne). Le bouddhisme perçoit ce monde comme une distraction s'écartant de la vérité. Lao Tseu cherche à unir le comportement humain dans cette vie avec les principes cosmiques. Le confucianisme appréhende la conduite méritoire et l'harmonie sociale comme des observances quasi spirituelles et des fins en soi. Kong Fuzi grandit dans un climat de bouleversements sociaux. Plutôt que de rechercher l'appui de la protection divine, il croit en une volonté du ciel fondée sur l'entraide, ce qui le conduit à souligner l'importance de l'unité familiale. Dans ses enseignements et discussions péripatétiques exhortant au respect et à l'observation minutieuse de toute chose, il affiche une attitude analogue à celle d'Aristote et, comme lui, préconise une méthodologie en porte-à-faux avec le dogmatisme des disciples ultérieurs. Pendant la période Han, on recourt à ses *Analectes* pour empêcher la mobilité sociale et mettre en place un système scolastique prônant que des décennies sont nécessaires pour former un fonctionnaire. Un vaste empire jette toutes ses forces dans l'homéostasie, employant plus d'administrateurs que de soldats. Certains pensent que Mao n'aurait pas pu imposer sa domination aussi vite si, au cours de ces deux mille ans, la Chine n'avait pas été gouvernée selon ces préceptes.

至聖孔子
名丘字仲尼山東
兗州府曲阜縣人

Alexandre le Grand

Fils de l'ambitieux roi Philippe II de Macédoine, Alexandre (356-323 av. J.-C.) est fortement influencé par son tuteur Aristote. Lors de son accession au trône en 336, il entreprend de recourir aux invasions pour diffuser la pensée et l'influence hellénistiques. Il atteint des contrées aussi éloignées que l'Inde ; suite à la conquête de l'ancien royaume égyptien, il fonde une nouvelle ville, pierre angulaire de son empire, nommée Alexandrie. Il devient le modèle du conquérant charismatique, nourrissant les légendes et l'iconographie invoquées ultérieurement par nombre de personnalités, de Lord Byron et Napoléon à John F. Kennedy. Le grec devient la langue d'apprentissage universelle qui s'impose, en outre, pendant une grande partie de l'époque romaine. Le récit évoquant les larmes qu'il laisse échapper à la pensée de ne pouvoir conquérir tous ces territoires est mensonger ; vers la fin de sa vie, il envisage d'envahir le désert d'Arabie.

Après sa mort (peut-être par empoisonnement, mais très probablement due à une maladie), son empire est rapidement démantelé. Toutefois, les États plus petits qui succèdent à son empire s'avèrent être plus stables : en Égypte, la dynastie des Ptolémée règne jusqu'à l'avènement de Jules César et celle des Séleucides au Moyen-Orient connaît une longévité encore plus grande.

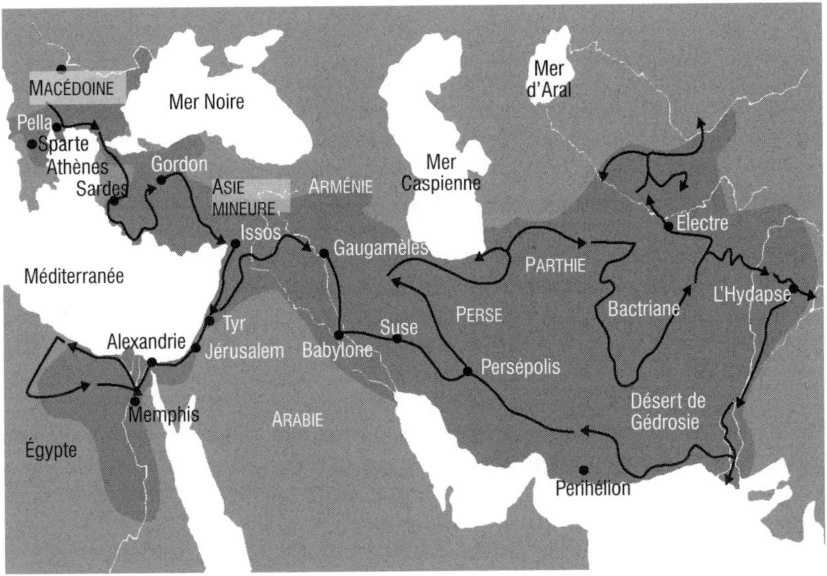

Cette carte montre les campagnes d'Alexandre de 336 à 323 av. J.-C.
Les zones plus sombres correspondent à l'étendue de son empire.

Ashoka

Chandragupta Maurya étend l'Empire Nanda suite au refus des soldats d'Alexandre de l'envahir et parvient à unifier la majeure partie de l'Inde. Son fils poursuit l'expansion du royaume et le fils de celui-ci, Ashoka (vers 304 -232 av. J.-C.), règne sur un territoire qui s'étire sur l'ensemble du sous-continent, de la Perse au Bengale. Fait exception l'État démocratique du Kalinga, à la conquête duquel il se lance lors d'une guerre si meurtrière qu'il se repent et devient bouddhiste. L'hindouisme est alors la religion principale, tandis que le bouddhisme en est à ses balbutiements : sa conversion est un événement aussi marquant que l'adhésion tardive de l'empereur Constantin au christianisme.

Ashoka devient un souverain très aimé : il ordonne de mettre fin aux sacrifices – édictant la protection des vaches –, de planter des arbres et d'ériger des stèles incrustées de préceptes destinés à ses sujets, véritable bénédiction pour les archéologues ultérieurs. Toutefois, l'empire lui survit à peine et l'Inde n'est pas réunie avant l'époque des Mogols, même si du IVe au VIe siècle, l'Empire Gupta s'en approche.

Ashoka érige des colonnes, à l'exemple de celle-ci, dans tout son royaume afin de commémorer les lieux associés à la vie du Bouddha et à ses propres visites en qualité de souverain.

Carthage et les guerres puniques

Dans sa lutte initiale pour la conquête du pouvoir, la République romaine se mesure à sa plus grande rivale, Carthage, port opulent situé dans la Lybie actuelle. Comme ce sont les deux seules puissances suffisamment fortes pour contrôler la Méditerranée, elles s'affrontent pour affirmer leur domination. *Carthago Delenda Est* – « Carthage doit être détruite » – est le cri de ralliement le plus percutant de toute cité romaine et, avec le récit de Didon et d'Énée, cette rivalité s'inscrit dans le mythe.

Carthage possède une marine redoutable, mais Rome lui vole ses plans ; lors des combats terrestres, cette dernière remporte généralement la victoire. Les guerres puniques durent plus d'un siècle (de 264 à 146 av. J.-C., avec plusieurs interruptions). Au cours de la deuxième guerre, Hannibal Barca, général carthaginois, quitte son village familial dans le sud de l'Espagne à la tête d'une armée dotée d'éléphants entraînés à la guerre, traverse les Alpes et atteint le nord de l'Italie. Il reste dans le pays pendant quinze ans, s'empare de plusieurs cités, mais ne parviendra jamais à piller Rome. La troisième guerre se limite à un simple siège, qui prend fin avec la domination romaine totale et la destruction de Carthage. Ce port, d'une utilité stratégique indéniable, est reconstruit ultérieurement.

Les Celtes

Les Celtes représentent une culture tribale européenne, dont l'âge d'or s'étend tout au long du dernier millénaire avant J.-C. Liés non pas par la politique, mais par la langue et la tradition, polythéistes et enclins à faire la guerre, ils semblent être apparus en Europe centrale ; au plus fort de leur expansion, ils atteignent et envahissent la France, l'Espagne et finalement la Grande-Bretagne (Stonehenge est érigé environ deux mille ans ou plus avant les druides celtes ; les historiens romains se sont trompés sur ce point et sur bien d'autres aspects).

L'expansion de l'Empire romain contribue à assimiler une grande partie de ce peuple (les Gaulois combattus par Jules César sont celtes et adoptent volontiers la culture romaine – César rappelle qu'ils portent un uniforme bleu horizon lors des combats). La progression des tribus germaniques réduit leurs terres à peau de chagrin ; de fait, lors de la chute de l'Empire romain, il ne reste des Celtes qu'en Bretagne et dans les îles Britanniques. Toutefois, cet héritage culturel façonne largement la résistance face aux envahisseurs normands en 1066 et au-delà : le Pays de Galles, l'Irlande, les Cornouailles et l'Écosse, à défaut de conserver leur patrimoine génétique, sauvegardent tous leur identité.

La Grande Muraille de Chine

Depuis des millénaires, plusieurs murailles sont érigées à la frontière nord de la Chine pour protéger les terres cultivables des tribus nomades et délimiter de façon symbolique les frontières de la civilisation. Le premier empereur, Shi Huang, ordonne leur unification afin de créer un ensemble plus vaste après la période des Royaumes combattants, et le général Meng Tian entreprend la construction de défenses autour du fleuve Jaune en 215 av. J.-C.

La muraille est à l'origine construite en terre battue. Au XIVe siècle, la dynastie Ming en rebâtit des parties en brique ou en pierre, sur des milliers de kilomètres, hautes d'au moins un étage : les Ming, qui évincent la dynastie mongole Yuan fondée par Kubilaï Khan, ont de bonnes raisons de craindre une invasion. L'importance de la Grande Muraille comme ligne de démarcation perdure dans les premières décennies du XXe siècle. En 1931, les Japonais envahissent la Manchourie et progressent pendant deux ans, réussissant à percer les défenses de la muraille, sans pouvoir aller au-delà.

Le général Tchang Kaï-chek signe la trêve de Tanggu prévoyant l'établissement d'une zone démilitarisée sur tout le pourtour de la muraille ; quant au Japon, il garde le contrôle de la Mandchourie durant la seconde guerre sino-japonaise.

Jules César

Brillant stratège militaire et homme d'État (100-44 av. J.-C.), Caius Julius Caesar entre en politique quand son oncle perd une guerre civile au profit de Sylla, premier dictateur romain depuis les guerres puniques. Il s'enfuit de Rome, rejoint l'armée et, après la mort de Sylla, y revient pour être élu tribun. Sa carrière politique est en plein essor et, en 59 av. J.-C., il devient consul au sein du premier triumvirat, alliance conclue avec ses grands rivaux Pompée et Crassus en vue de se partager le pouvoir. Il conquiert rapidement la Gaule et en devient le gouverneur. Il organise une expédition en Bretagne en 55 av. J.-C. avant de rentrer à Rome avec son armée : il franchit le Rubicon et pénètre en Italie. Crassus est vaincu par les Parthes, mais Pompée s'enfuit à Alexandrie, précipitant la chute de l'Égypte.

César se fait nommer dictateur à vie. Ses ennemis, inquiets devant son pouvoir grandissant, l'assassinent en pleine séance du Sénat des ides de mars. Toutefois, paradoxalement, la guerre civile qui s'ensuit conduit son héritier Octave à devenir empereur. Quant au nom de César, il incarne le titre impérial pendant de nombreux siècles.

La chute de l'Égypte

Lors du partage de l'Empire macédonien, Ptolémée, général d'Alexandre le Grand, instaure une nouvelle dynastie en Égypte, avec Alexandrie pour capitale. Malgré un conflit acharné avec les Séleucides – Macédoniens régnant sur la Perse –, l'harmonie interne règne. Les Ptoléméens favorisent la culture autochtone : la pierre de Rosette est sculptée en l'honneur du couronnement de Ptolémée V. Or, de tout temps, la République romaine a eu des visées sur cette terre fertile. Suite à l'évolution désastreuse du conflit opposant Jules César et Pompée, celui-ci cherche refuge en Égypte. Cléopâtre VII, qui règne alors sur le pays, est empêtrée dans une guerre civile avec son frère Ptolémée XIII, instigateur de l'assassinat de Pompée afin de s'attirer les bonnes grâces de César. Ce dernier nourrit des idées de conquête avant d'apporter son soutien à la reine égyptienne et de devenir son amant. Cléopâtre séduira plus tard le général romain Marc-Antoine, venu en Égypte après la mort de César. Elle parvient ainsi à préserver l'indépendance égyptienne jusqu'à l'arrivée avec sa flotte d'Auguste, né Octave, héritier de César. Suite à l'anéantissement de leur armée lors de la bataille d'Actium (31 av. J.-C.), Antoine et Cléopâtre se suicident. Le pays devient une province prospère et Alexandrie se métamorphose en un haut lieu du savoir.

La *Pax Romana*

Peu après la chute de l'Égypte, Octave, héritier de Jules César, est proclamé empereur sous le nom d'Auguste et transforme la République romaine en empire. Pendant les deux premiers siècles de l'époque moderne, Rome connaît une période de paix et de consolidation sans précédent de l'empire. Celui-ci s'étend alors de la Bretagne à la Judée. Fondé sur l'esclavage, il est néanmoins multiculturel. Son succès repose en grande partie sur sa capacité à favoriser l'assimilation des états récemment assujettis : un citoyen romain est considéré comme tel, indépendamment de son origine ou de sa condition sociale. La religion d'État est suffisamment souple pour accueillir quasiment toutes les croyances, à l'exception des Juifs monothéistes et des premiers chrétiens. L'Empire sassanide à l'est est son seul grand rival. Toutefois, malgré des conflits qui les opposent, ils parviennent à maintenir des relations commerciales. Au IIIe siècle, les tribus germaniques commencent à affluer à la frontière formée par le Rhin, ce qui n'empêche pas Rome de toujours dominer lors de la division de l'empire par l'empereur Dioclétien en 293. Constantin renverse cette suprématie temporairement, mais la moitié occidentale de l'empire finit par revenir à Alaric et à Attila le Hun. L'Empire byzantin survit jusqu'à la chute de Constantinople.

L'Empire aksoumite

L'Éthiopie est une terre riche, au sol fertile. Sa position au bord de la mer Rouge fait d'elle un lieu d'échanges idéal pour les marchands. L'ancien royaume de D'mt cède la place à des États plus petits vers l'an 500. Toutefois, un empire basé à Aksoum, dans le nord de l'Éthiopie, parvient à réunifier la région : il développe un réseau commercial complexe et règne sur un territoire qui, à l'époque, englobe le Yémen, des parties d'Égypte et Djibouti. Entre l'an 100 et 500, il incarne une puissance de premier plan et trace une voie pour acheminer des minéraux, de l'ivoire et des épices.

L'usage commercial par l'Empire aksoumite du grec, des langues sémitiques et des pièces de monnaie frappées conduit certains érudits à supposer que ce royaume était un avant-poste d'une autre puissance. Toutefois, ses sources écrites et ses témoignages architecturaux, notamment les imposantes stèles caractéristiques, contrecarrent ces allégations, malgré des légendes le reliant à l'arche d'alliance et à la reine de Saba. À partir de l'an 300, la classe dirigeante au pouvoir se déplace vers le sud pour s'installer au confluent du Nil. Le roi Ezana érige le christianisme copte au rang de religion d'État après l'an 330, et des récits relatant l'existence d'un État chrétien inconnu exhortent les explorateurs européens à tenter l'aventure. On sait que les premiers réfugiés musulmans y ont été accueillis.

Constantin

Constantin naît en l'an 272. Bien que d'origine modeste, il devient l'un des derniers souverains de l'Empire romain unifié. Sa mère, Hélène, très influente, serait selon certaines sources une concubine. Peu d'informations ont filtré sur sa vie, si ce n'est qu'elle est la première à avoir fait un pèlerinage chrétien. Lors de l'accession au pouvoir de son fils, l'empire est déjà divisé entre Orient et Occident. Sa décision de faire de Byzance (rebaptisée Constantinople) le haut lieu des actions impériales contribue à faire perdurer une forme d'autorité romaine jusqu'à la chute de la ville en 1453. Il s'avère être un puissant général, repoussant les incursions germaniques sur le territoire romain, mais il meurt en 337 au cours des préparatifs d'une guerre contre les Sassanides.

Constantin attribue son succès fulgurant à sa conversion au christianisme qu'il érige de facto au rang de religion d'État, convoquant la tenue de plusieurs conciles. Le credo élaboré lors du concile de Nicée constitue la pierre angulaire de la croyance chrétienne (voir la page relative au schisme). L'arianisme, qualifié d'hérésie car nourrissant doutes et controverses au sujet de la Trinité, y est officiellement répudié. Toutefois, il est adopté par plusieurs tribus germaniques, notamment les Wisigoths.

L'Empire sassanide

Après avoir été vaincus par Alexandre le Grand, les Perses se regroupent sous l'égide des Parthes, s'opposant aux Romains et aux Arabes pendant quatre siècles. Une nouvelle dynastie, fondée par Ardachîr Ier, gouverne et étend l'empire qui, à son apogée, englobe l'Afghanistan, Alexandrie, la Cappadoce et l'Albanie. L'océan Indien et la route de la soie font partie des régions environnantes de l'Empire sassanide et constituent un miroir de Rome ; ainsi, en l'an 253, une contre-attaque manquée suite à la prise d'Antioche par l'armée sassanide a pour corollaire la capture de l'empereur Valérien, qui meurt en captivité.

Alors que le centre du pouvoir romain se déplace à l'est vers Byzance, les empires se définissent par leur antagonisme mutuel. Néanmoins, pour faire face au déferlement des nomades Xiongnu (les Huns) chassés de Chine vers l'ouest, Rome et Persépolis concluent un traité d'alliance en 387. Toutefois, les nouvelles attaques lancées par l'empereur Héraclius au VIIe siècle laissent les forces armées et le trésor public sassanides exsangues. Ainsi, ce dernier fomente des conflits internes, amplifiés par une peste qui tue le Shah et décime la moitié de la population, ouvrant la voie à la conquête arabo-musulmane de 636.

La forteresse de Narin Qaleh, dont les vestiges sont toujours visibles de nos jours, est située à Meybod, dans l'Iran moderne ; façonnée en briques de boue, elle remonte à l'époque sassanide.

L'Empire abyssinien

L'Empire aksoumite s'étend jusqu'en Arabie, mais l'avènement de l'islam marque son déclin après le VIe siècle. De mauvaises récoltes, une armée débordée et les conquêtes sassanides en Égypte affaiblissent l'État qui, au Xe siècle, retourne quasiment à ses frontières originelles. Les rois aksoumites sont renversés par la reine Gudit. La dynastie Zagoué arrive au pouvoir dans le nord, fonde l'Abyssinie et règne jusqu'en 1270. À cette date, la dynastie salomonique se rend maîtresse de la région et lance plusieurs tentatives, parfois infructueuses, dans le but d'unifier les différents royaumes (dont certains, aujourd'hui, sont musulmans).

Les explorateurs portugais atteignent ce territoire en 1490, suivis par les missionnaires. En 1529, les Ottomans l'envahissent pour soutenir les musulmans qui y sont installés. Toutefois, grâce à l'aide des Portugais, la cause salomonique finit par triompher lors de la bataille de Wayna Daga en 1543. Le pays sombre dans la guerre civile en 1769 et sa réunification par l'empereur Téwodros II n'advient qu'en 1855. Celui-ci et ses successeurs parviennent à stabiliser et à moderniser la région, qui est alors en mesure de résister à la colonisation italienne. Ce n'est qu'en 1974, avec le renversement par les communistes de l'empereur Hailé Sélassié, que prend fin la dynastie salomonique.

Des rumeurs atteignant l'Europe à propos de l'Empire abyssinien ont inspiré la croyance médiévale en l'existence du mythique royaume chrétien du Prêtre Jean, représenté ici sur cette carte de la Renaissance.

Alaric

En l'an 408, les Wisigoths, qui forment l'une des nombreuses tribus germaniques ayant attaqué l'Empire romain, pénètrent au cœur même de celui-ci. À cette époque, Rome n'est plus la capitale officielle : elle a été partagée, lors de la division par l'empereur Dioclétien de l'empire, en une partie occidentale et une partie orientale. Alaric Ier, chef des Wisigoths, avait coopéré jadis avec les Romains et même servi comme soldat. Il assiège Rome en l'an 408, récolte un lourd tribut avant de quitter la ville, puis y retourne pour la mettre à sac en 410. Même si celle-ci laisse apparaître peu de décombres, elle est dépossédée de ses objets de valeur ; quant aux esclaves barbares, ils sont tous libérés. Alaric meurt de maladie la même année.

La défense de l'Italie entraîne le retrait des troupes gardant les frontières, c'est-à-dire l'abandon du Rhin et des territoires les plus excentrés. Le déclin de l'empire est un lent processus qui prend fin avec la chute de Constantinople. Toutefois, le pillage de Rome par les Goths, les Vandales et d'autres peuples précipite l'effondrement de l'Europe occidentale et l'accaparement des terres par Attila le Hun, Gengis Khan, les Saxons, les Vikings, les Francs, les Normands et les califes omeyyades.

Le shintoïsme

À la différence de la Chine, le Japon n'acquiert l'écriture qu'à une époque relativement récente. Les premières traces remontent au IVe ou au Ve siècle et les toutes premières informations historiques sont limitées. L'unification du pays se produit au IVe siècle, sous une dynastie impériale (remontant traditionnellement au VIe siècle av. J.-C., mais probablement fondée vers cette époque). Les chefs militaires successifs, appelés shoguns, prennent le pouvoir au XIIe siècle et, peu de temps après, le pays est en proie à des conflits féodaux.

Le shintoïsme, système de croyance originaire du Japon, tourne autour des esprits, des rituels instaurés pour leur être agréables et des sanctuaires élevés en leur honneur. Malgré les tentatives déployées pour en faire une religion d'État, il s'apparente plutôt à un ensemble de pratiques culturelles érigées en foi. Si l'on se réfère à son évolution historique, il s'épanouit harmonieusement à côté des autres religions, notamment le bouddhisme. Deux œuvres fondatrices, *Kojiki* et *Nihon Shoki*, datant du VIIIe siècle, se targuent d'expliquer l'histoire du Japon jusqu'à l'avènement de l'écriture. Elles distillent des mythes oraux issus de traditions bien plus anciennes, commençant avec le mythe de la Création et s'achevant avec le récit purement historique de l'impératrice Jitō.

La route de la soie

Avant les aventures d'Alexandre le Grand en Orient, l'Inde, la Chine et l'Europe sont vaguement informées de leur existence mutuelle. La soie part d'Orient pour atteindre Rome, mais ses origines restent inconnues. La circulation des marchandises s'accélère avec la fin de la période des Royaumes combattants, époque à laquelle les Han, voulant à tout prix des chevaux d'exception, expédient leurs biens les plus précieux vers l'ouest de leurs frontières par l'intermédiaire de marchands. Comme il est rare que des individus accomplissent un voyage transasiatique complet, des expéditions plus courtes se limitent à certaines parties du trajet ; elles troquent leurs objets avec ceux qui parcourent un tronçon différent. Les voyageurs se regroupent en caravanes de chevaux, de chameaux ou de yaks pour assurer leur sécurité, notamment lors des incursions lancées par les Huns.

L'expression « route de la soie » est une formulation impropre datant du XIXe siècle. En réalité, il existe de nombreux points de départ et de destination, trois voies de communication terrestres et plusieurs voies maritimes. Certaines caravanes empruntent les itinéraires du sud, en direction ou à partir de la Mésopotamie en passant par les montagnes du Karakorum et l'Hindou Kouch ; d'autres se rendent dans le nord, sillonnant le désert désolé du Takla-Makan et l'Afghanistan. D'autres encore traversent le delta du Gange pour atteindre la contrée connue maintenant sous le nom de Bangladesh, puis se dirigent vers le nord. Des marins originaires du Sri Lanka font du commerce avec l'Empire aksoumite, transportant les marchandises vers le nord. Constantinople est un carrefour de premier plan ; or, parallèlement à l'affirmation de puissance de la dynastie Tang, le califat abbasside cherche à dominer la frange occidentale de la route.

Le goût des Européens du nord pour les épices croît tant pour le statut qu'elles leur confèrent que comme moyen de rendre savoureuses les viandes conservées. Les plantes aromatiques sont employées à des fins médicinales ; quant au lapis-lazuli, il est utilisé pour la peinture d'icônes. Les informations circulent, les techniques traversent les continents : propagation des chiffres arabes et de la boussole depuis l'Inde, où l'islam arrive via l'Empire sassanide. Le bouddhisme et quelque temps plus tard les chrétiens assyriens atteignent la Chine. Les histoires racontées par les marchands à ces derniers parviennent en Europe sans avoir été vérifiées : les anecdotes à propos du Prêtre Jean, empereur chrétien, et les histoires absurdes de Sir John Mandeville sont prises au sérieux pendant des siècles ; les récits de Marco Polo ont été récemment remis en cause, mais ils proposent une synthèse des connaissances des voyageurs occidentaux à cette époque. Avec l'essor de la dynastie Ming, la chute de Constantinople et l'habileté croissante des Européens en navigation, l'importance de la route de la soie décroît après 1 500, modifiant l'équilibre des pouvoirs dans la région, notamment des Empires safavide et moghol.

Saint Augustin

Petite communauté juive au premier siècle, l'Église chrétienne se développe pour se transformer en religion s'étendant dans tout l'empire au IVe siècle. Augustin (354-430) est certainement le théologien le plus éminent au lendemain de la décision prise par Constantin de faire du christianisme la religion d'État. Il élabore des doctrines qui façonneront le christianisme jusqu'à la Réforme et au-delà.

Né en Afrique du Nord, alors sous domination romaine, il s'adonne pendant les premières années de sa vie à un hédonisme débridé jusqu'à sa conversion spontanée et enflammée, décrite dans *Les Confessions*, ouvrage autobiographique. Il combat ses démons jusqu'à sa mort; cette attitude influence à jamais la doctrine, désormais teintée de misogynie, de l'Église envers les femmes. On lui doit en grande partie la formulation de la théorie du péché originel (les hommes naissent pécheurs et ont besoin du baptême) et le canon biblique est instauré sous son égide. Sa *Cité de Dieu*, rédigée après le sac de Rome par Alaric, souligne la primauté de la vie après la mort par rapport aux préoccupations de ce monde et met en évidence la théorie de la « guerre juste » (utilisée par la suite pour justifier les croisades et de nombreuses autres expéditions).

RITAS

Attila le Hun

Chef d'un empire qui connaît à la fois son essor et son déclin durant son règne, Attila – dont la date de naissance est incertaine – est au pouvoir entre 434 et 453. Les origines des Huns sont obscures : il peut s'agir des Xiongnu, peuple de Mongolie exterminé par les Chinois de la dynastie Han. Ils figurent dans les écrits historiques dans les années 300 comme des tribus nomades guerroyant grâce à des techniques d'archerie montée sophistiquées. Alors qu'ils envahissent progressivement l'Europe, ils chassent les tribus germaniques qui sont, à leur tour, poussées à fuir vers le territoire romain. Les deux moitiés de l'Empire romain jugent utile de leur payer un tribut et de les employer comme mercenaires.

Attila a de plus grandes ambitions : avec son frère Bleda, il envahit l'Empire byzantin, force l'empereur à signer un traité de paix humiliant et à accepter d'augmenter les montants des tributs. Il recourt à la même tactique et il n'est pas loin de s'emparer de Constantinople. Toutefois, après la mort de Bleda en 445, il se tourne vers l'empire d'Occident, atteint Orléans et Milan. L'empereur envoie le pape Léon Ier conduire les négociations, qui sont couronnées de succès (contrairement à celles menées avec les Wisigoths dirigés par Alaric). Attila meurt avant de pouvoir organiser une autre tentative.

L'islam

Mahomet (vers 570-632) est un caravanier devenu le prophète de l'islam, religion monothéiste ancrée dans la tradition judéo-chrétienne, et un chef de guerre victorieux. À sa mort, l'Arabie (y compris les villes saintes de La Mecque et de Médine) est unifiée sous la férule de la nouvelle foi, mais le factionnalisme conduit alors aux guerres civiles. La famille de Mahomet apporte son soutien à Ali, gendre de ce dernier – censé avoir inspiré la tradition mystique du soufisme –, et plus tard à son petit-fils Hussein. Les Chiites fondent leur croyance sur l'inspiration divine descendue sur la famille. Selon les Sunnites, les califes (« successeurs ») doivent être des chefs communautaires, modèles de savoir et de foi doctrinaires. Lorsqu'Hussein – qui œuvrait à une réconciliation avec le califat omeyyade – est décapité au cours de la bataille de Karbala en 680, son martyr marque à jamais la scission des deux parties. Le conflit intérieur n'endigue pas la conquête de territoires extérieurs ; en 730, le califat omeyyade s'étend de l'Ibérie à l'Inde. L'Iran moderne est chiite, mais, comme la Perse, c'était un bastion sunnite. Les Moghols et les Ottomans étaient sunnites. Après 1744, les Wahhabites, bras armés de la maison des Saoud et se réclamant de l'islam sunnite, éradiquent la religion populaire chiite en Arabie.

La révolte d'An Lushan

Enfant trouvé, de père sogdien, An Lushan devient général et s'attire les faveurs de Xuanzong, empereur de la dynastie Tang. Toutefois, au cours de la lutte de pouvoir impliquant la concubine préférée de celui-ci, Yang Guifei, sujet de nombreux romans d'amour, et son frère (ou cousin) ambitieux, il décide de se révolter, peut-être pour assurer sa propre sécurité, et se proclame empereur d'une dynastie Yan en 755. Il s'empare de la ville de Luoyang, située à l'ouest de la province de Henan, avant de se lancer à l'assaut de l'imposante capitale, Chang'an. À la condition d'éliminer Guifei et son frère/cousin, Xuanzong est enfin en mesure de mener ses propres troupes, renforcées par les mercenaires turcs, contre les révoltés.

An est tué par son fils au cours de la deuxième année d'une révolte longue de sept ans, dont les répercussions dévastent la Chine pendant des générations, occasionnant des millions de morts et une fuite encore plus massive vers le sud. De fait, il est impossible d'estimer de façon précise le nombre de morts : trente-six millions sont portés disparus, soit un sixième de la population mondiale de l'époque. À la suite de ces événements, la dynastie Tang, jadis cosmopolite, se replie sur elle-même pendant des siècles.

Le califat abbasside

Le califat omeyyade étend la puissance de l'islam dans le monde arabe, mais une famille, descendante d'al-Abbas, obtient le soutien des Chiites – adversaires des Omeyyades – et des rivaux perses avant de lancer une attaque en règle en 750. Alors que le statut des Arabo-Musulmans par rapport aux nouveaux convertis fait l'objet d'un désaccord majeur, les Abbassides font preuve d'une plus grande tolérance. Ils érigent Bagdad au rang de nouveau centre politique ; quant à Bassora, elle devient un pôle de savoirs. Grâce à la richesse et à la culture perses, le nouveau régime est aux mains de la dynastie sunnite et intègre la loi sassanide. L'empire repose amplement sur l'identité islamique plutôt qu'arabe. Le calife Abû al-Abbâs as-Saffâh marche sur l'Ouzbékistan et affronte l'empire chinois des Tang. On note également un conflit avec Constantinople (dont la conquête, selon certains dires, confirmerait des prophéties messianiques).

Les graines de la chute des Abbassides sont semées sur le terreau de leur dépendance envers les Mamelouks. Ceux-ci accroissent progressivement leur mainmise. En 1258, le siège de Bagdad par les Mongols se termine par l'écrasement du calife abbasside, dernier de sa lignée à contrôler un empire. Cependant, la dynastie règne sur Le Caire jusqu'en 1517.

LES CALIFES ABASSIDES

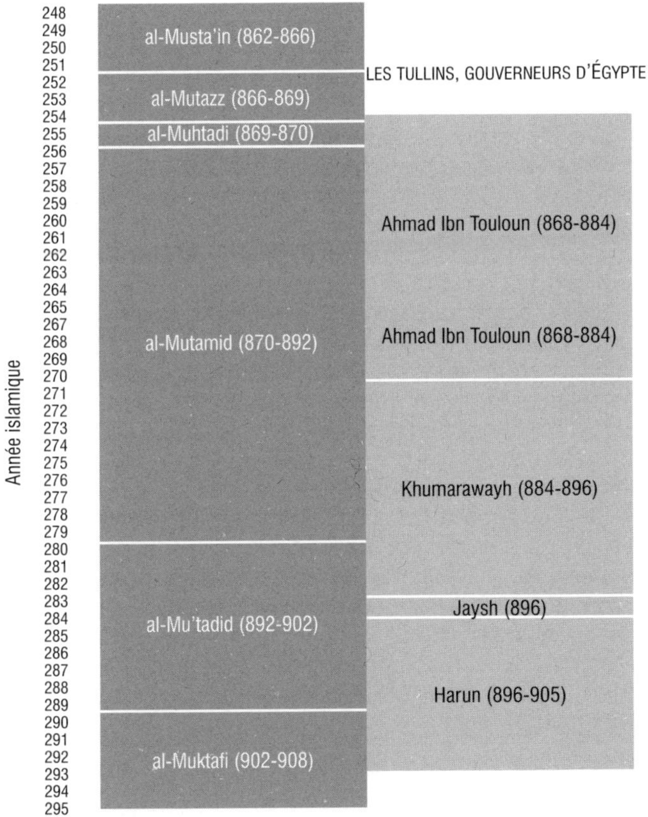

Les Indiens d'Amérique

Plus que les cultures mésoaméricaines ou incas, les cultures autochtones nord-américaines ont tendance à s'organiser sous forme de tribus, avec des centaines de langages différents. Parmi celles qui dominent se détachent les tribus à l'est du Mississipi, connues pour leurs tertres en terre. Elles se développent vers l'an 700 et se caractérisent par leurs chefs théocratiques et la sédentarisation de l'agriculture autour des rivières : le maïs importé du sud constitue une culture de base, tout comme les haricots et les courges. Ces peuples se rassemblent dans le sud-est et le Midwest. L'obsidienne d'origine mésoaméricaine trouvée dans le Wisconsin témoigne de l'existence d'échanges commerciaux dans tout le continent américain.

La sécheresse et la colonisation européenne produisent des effets délétères ; les cultures indigènes pâtissent toutes de l'introduction des maladies par les Européens, notamment la variole, et des guerres avec les nouveaux venus. Les tribus des Grandes Plaines livrent bataille aux conquistadors ; grâce à l'introduction du cheval, qui favorise la chasse au bison au détriment de l'agriculture vivrière, elles parviennent toutefois à recouvrer un certain dynamisme. Néanmoins, tout comme les agriculteurs de l'est, elles perdent leurs terres au profit des États-Unis en constante expansion.

Charlemagne

Les tribus franques réclament pour la plupart d'anciens territoires de la Rome impériale sous l'égide de Pépin le Bref qui fait don des terres à l'Église en contrepartie de l'approbation du pape légitimant sa royauté de facto. Charles, son fils aîné (né vers 740), hérite de la moitié du royaume en 768 et la seconde moitié lui revient après la mort brutale de son frère Carloman trois ans plus tard. Il étend sa domination sur l'Europe occidentale jusqu'en Bohème, Saxe, Lombardie, sans oublier le nord de l'Espagne. Il codifie des dispositions juridiques et commerciales, normalise les unités de mesure, mais s'attache principalement à promulguer le catholicisme.

En contrepartie, le pape Léon III le couronne empereur du Saint-Empire romain en l'an 800. Ce titre ne lui confère pas de nouveaux pouvoirs, mais un grand prestige : même Constantinople se tourne dorénavant vers lui afin de résoudre les différends entre factions rivales et contrecarrer Haroun al-Rachid. Il meurt en 814 et est enterré à Aix-la-Chapelle. Les souverains suivants cherchent à l'imiter ou à se réclamer de sa parenté. Toutefois, c'est à Frédéric Barberousse que revient le nom Charlemagne ; il deviendra Charles le Grand.

Les Saxons

Les Saxons occupent un territoire à la jonction du Danemark et de l'Allemagne (correspondant à peu près à la Saxe actuelle) et forment l'une des nombreuses tribus itinérantes essayant de s'assurer une position avantageuse dans le vide laissé par le pouvoir à l'époque post-romaine. Tout comme les Vikings, ils ne font guère de distinction entre commerce et pillage. Alors qu'ils sillonnent le sud, ils se heurtent aux Francs et, à la fin du VIIIe siècle, sont finalement convertis et assimilés par Charlemagne. Bien avant cet épisode, ils s'imposent comme souverains dans la plus grande partie de l'île de Bretagne (selon la légende, après y avoir été invités comme mercenaires).

Contrairement aux idées reçues, ils sont moins nombreux à migrer vers l'ouest ; toutefois, en tant que commerçants, ils proposent des marchandises de qualité supérieure et une langue plus simple d'utilisation. Ainsi, en l'espace d'un siècle, avec les Angles et les Jutes, ils influencent suffisamment les autochtones pour rendre perplexes les futurs archéologues. Toutefois, parmi les seigneurs de guerre, le sang et la culture des Anglo-Saxons se mêlent à ceux des Celtes et des Britto-Romains. Enfin, ces Saxons se convertissent aussi au christianisme et, face aux envahisseurs vikings, s'unissent dans les années 880 sous l'égide d'Alfred le Grand, roi du Wessex.

Haroun al-Rashid

Même avant de devenir le cinquième calife abbasside en 786, Haroun al-Rachid – dont le nom signifie Aaron le Juste – a appris à déléguer. Ses clients, issus de la famille des Barmécides, dirigent des parties de son empire sous le couvert de franchises, accroissant sa fortune, mais affaiblissant son contrôle direct. Haroun, pour sa part, prône l'étude, la culture et les contacts avec les autres empires : il envoie des émissaires à Charlemagne et dans la Chine des Tang, élève Bagdad au rang de métropole et fonde la Baït al-Hikma, la « Maison de la science ». Alors que de nombreuses légendes sont attachées à son nom, les présents qu'il adresse à Charlemagne ne démentent pas leur réputation : ils sont somptueux, à l'instar d'une horloge mécanique qui lui est retournée car elle ressemble à un objet de sorcellerie. Il obtient des Tang le secret de la fabrication du papier ; de fait, son prestige s'en trouve accru et la culture perse devient plus exportable. De tous les califes, il est celui qui s'approche le plus de la conquête de Constantinople.

À sa mort, ses fils Al-Amin et Al-Mamun divisent l'empire et s'affrontent pour sa domination totale. Ces circonstances, conjuguées au système de gouvernance régionale, affaiblissent le califat. De fait, le règne d'Haroun en incarne le point culminant, impression renforcée dans *Les Mille et une Nuits*.

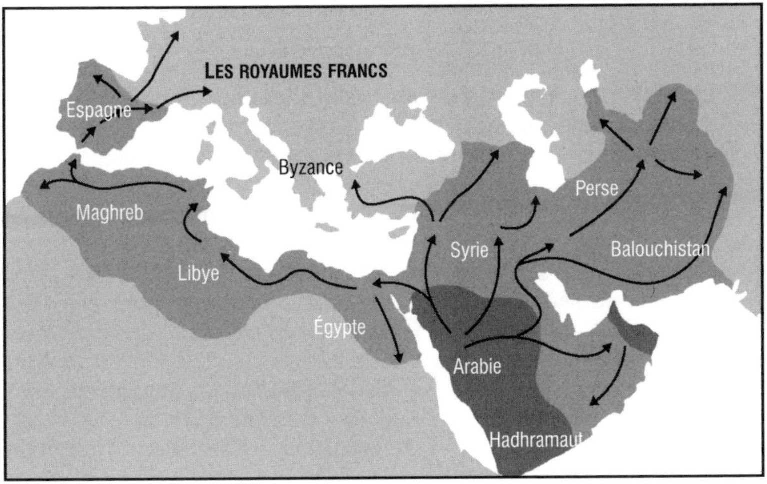

Le monde islamique à la mort de Mahomet en 632.

Le monde islamique vers 750.

Régions non islamiques.

Les Vikings et les Rus

Des tribus originaires du Danemark et de Scandinavie profitent de la confusion régnant parmi leurs rivaux pour s'enfoncer à bord de leurs navires au cœur de terres fertiles, en quête d'échanges commerciaux ou de pillages. Ceux qui se dirigent vers l'ouest sont appelés Vikings ; ceux qui descendent la Volga pour atteindre Constantinople sont baptisés Rus. Les deux appellations font référence à leurs exceptionnelles qualités de marins ; quant à leurs chaloupes, elles sont faciles à manœuvrer et parfois suffisamment légères pour être portées d'un fleuve à l'autre. Les Rus font le commerce des esclaves, de l'argent, du verre nécessaire à la fabrication d'objets en ambre, des fourrures et de la laine ; ils instaurent Kiev comme ville étape et rapportent la soie de Bagdad. Les Vikings colonisent le Groenland, l'Islande et l'Amérique, lancent des raids sur le royaume anglo-saxon et colonisent celui-ci.

Une hypothèse invoquée pour expliquer cet expansionnisme tient à la crainte de voir leur mode de vie mis en péril par la propagation du catholicisme en Europe : l'alphabet runique est censé être impie et la conversion fait partie de la campagne d'Alfred le Grand visant à évincer les Vikings d'Angleterre. Les raids deviennent sporadiques après l'an 900 ; ils laissent dans leur sillage des mots, des tombes et le jeu d'échecs, mais aucun casque à cornes.

La *Convivencia*

Les Omeyyades, tribu arabe, lancent une première vague de conquêtes qui atteint l'Ibérie avant que Charles Martel (grand-père de Charlemagne) ne mette fin à leur expansion lors de la bataille de Poitiers en 732. Ainsi, les prosélytes originaires d'Afrique du Nord propagent l'influence arabe jusqu'en Espagne et au Portugal, s'aventurant aussi loin que Marseille et Pampelune. Al-Andalus, terme désignant le territoire ibérique, se transforme en refuge des Omeyyades fuyant le califat abbasside. Il devient le creuset qui réunit représentations artistiques et idées perses, vestiges de l'érudition classique et nouveaux savoirs originaires d'Inde et de Chine, qui se confondra avec la culture chrétienne européenne. Toutefois, des doutes prévalent quant à cette coexistence pacifique de ses habitants.

Les villes de Tolède et de Séville se métamorphosent en pépinières d'idées. L'énergie éolienne et les tuyaux – inventions arabes –, auxquels s'ajoutent les recherches pointues des Grecs, permettent l'avènement de l'irrigation et de l'architecture à grande échelle ; plus tard, les automates deviennent la matière des contes de fées et la chirurgie a des siècles d'avance sur celle de l'Europe. Une diffusion au goutte-à-goutte du savoir maure donne lieu à une renaissance mineure dans l'Europe du XIIIe siècle ; toutefois, après 1492, Juifs et Maures sont expulsés par Ferdinand et Isabelle.

Les Évangiles de Lindisfarne

Les royaumes qui formeront l'Angleterre se christianisent peu à peu. La Northumbrie, à la frontière écossaise, est parsemée de nombreux monastères ; Lindisfarne, village natal de saint Cuthbert, est un haut lieu de pèlerinage et de pouvoir. Les membres des congrégations, pour la plupart illettrés, ont sous les yeux de somptueuses icônes dont l'une d'elles, un exemplaire des Évangiles, a survécu aux Vikings, aux Normands et à la Réforme de 1536.

Probablement enluminées par l'évêque Eadfrith au début du VIIIe siècle, les illustrations et ornementations dévoilent les influences germanique, grecque orthodoxe, celte et arabe ; quant au lapis-lazuli incrusté, à l'indigo et à l'or, ils témoignent des relations commerciales avec les régions himalayennes et l'Afrique du Nord. Certaines pages comportent de minutieuses incrustations de métal aux effets pointillistes, reflétant la nature de ces ouvrages, considérés tout autant comme des actes de dévotion que des objets de lecture. À y regarder de plus près, les éléments décoratifs sont analogues à ceux des mandalas orientaux. Plus de deux cents ans plus tard, l'évêque Aldred ajoute un glossaire au texte démotique, qui devient la toute première traduction en anglais connue des Évangiles.

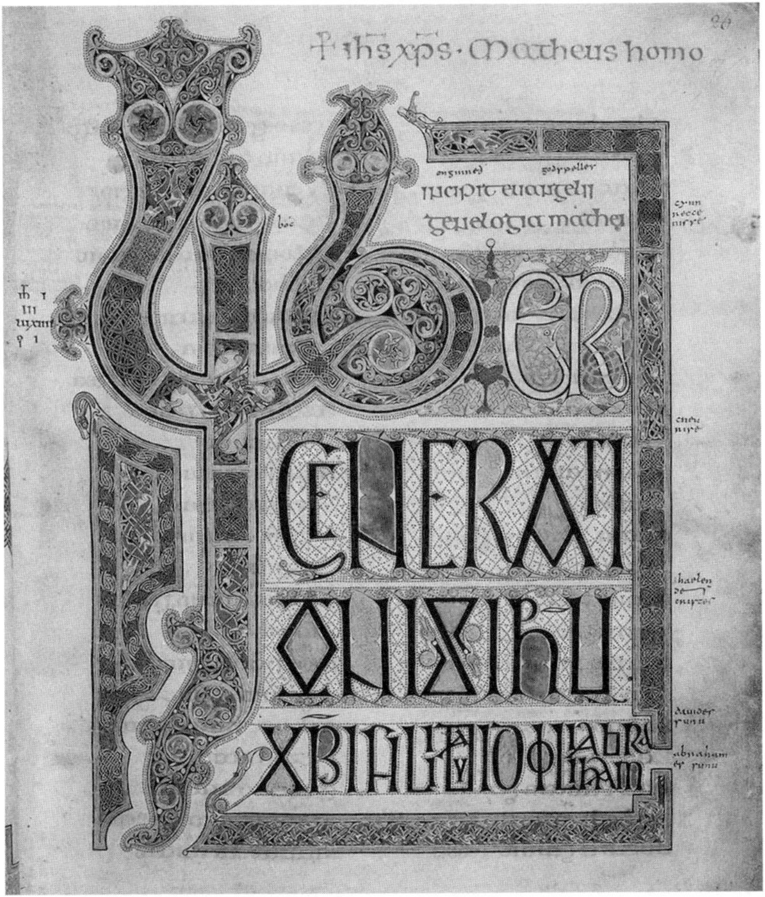
+ ihs xps · Matheus homo
incipit euangelii
genelogia mathei

Le chiisme duodécimain

Dans le sillage de la division de l'Islam en sunnisme (la majorité) et chiisme, chaque courant crée des sectes internes. Au sein du chiisme, les duodécimains constituent le groupe le plus influent. Leur croyance repose sur le fait que la famille de Mahomet a engendré douze grands imams (guides spirituels), incarnations mêmes de la foi. Le onzième imam, Al-Hassan ibn Ali, meurt vers 874 et, aux dires des duodécimains, Allah soustrait son fils nouveau-né à la vindicte du califat abbasside. Devenant incorporel afin d'influencer le monde comme pur esprit, il reviendra à la fin du monde comme Mahdi (le rédempteur). Selon la croyance des musulmans sunnites, il est encore à venir ou ne viendra jamais.

Même si tous les chiites n'acceptent pas ce dogme, la secte est puissante ; la dynastie perse des Safavides adopte ses préceptes, pierre angulaire de l'héritage historique sur laquelle s'appuient les ayatollahs de l'Iran moderne. Les pays chiites se prévalent d'un clergé plus influent que dans les pays sunnites, avec des chefs religieux agissant comme chefs d'État. Suite à l'influence perse en Inde, les duodécimains y constituent une minorité importante en dépit de l'opposition moghole. Un Madhi autoproclamé règne sur le Soudan de 1881 à 1885.

Les Normands

Rollon, chef guerrier viking (vers 846-931), conquiert des parties du territoire franc dans le nord de la France et, après avoir négocié les conditions avec le roi carolingien, fonde en 911 un État semi-autonome, le duché de Normandie, qui compte rapidement parmi les plus puissants du royaume. Les Normands conservent leur inclination pour les activités maritimes ; un groupe soumet le sud de l'Italie, formant le royaume de Sicile, assiégeant Constantinople et rivalisant pour la domination de la Méditerranée. Henri VI, empereur du Saint-Empire romain, se marie dans la famille, puis intègre la région dans son empire en 1194.

Les ducs normands se marient également au sein de la royauté anglo-saxonne, faisant de Guillaume le Bâtard (vers 1028-1087) un prétendant héréditaire au trône. Son armée vainc Harold Godwinson, également prétendant (et dernier roi saxon), lors de la bataille de Hastings en 1066, gagnant à cette occasion le célèbre surnom de « Conquérant ». Les nobles normands se muent en socle de l'aristocratie anglaise et les rois anglais conservent leurs terres normandes pendant des siècles. Le souvenir toujours vif de ces possessions a probablement contribué à l'avènement de la guerre de Cent Ans.

Le schisme

Au cours du premier millénaire de son existence, le christianisme est en butte à des conflits internes ; des hérésies, comme l'arianisme qui affirme que Jésus n'existe pas de toute éternité, mais a été enfanté, conduisent à de graves dissensions. Toutefois, en théorie, il reste unifié jusqu'en 1054, date marquant traditionnellement le schisme entre l'Église romaine catholique et l'Église orthodoxe orientale. La division de l'Empire romain entraîne également une scission dans les pratiques religieuses et, au IXe siècle, l'échec d'une entente théologique. En 1053, Michel Cérulaire, patriarche de Constantinople, capitale de l'Empire romain d'Orient, ordonne la fermeture de toutes les églises catholiques latines au sein de son siège épiscopal. Le pape Léon IX

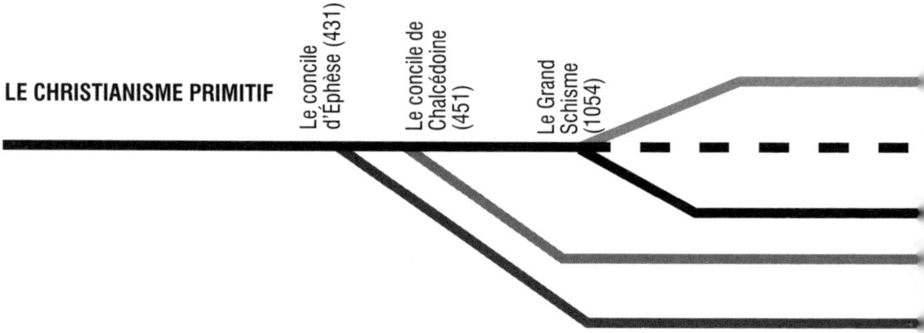

tente d'intercéder : il envoie des diplomates et adresse une lettre proclamant l'autorité suprême du siège épiscopal romain (reposant en partie sur la « donation de Constantin », faux censé prouver que ce dernier privilégie l'Église romaine par rapport aux autres religions). Cérulaire ignore ce pacte, les deux églises s'excommunient mutuellement et, alors que se font jour des tentatives tièdes de réconciliation, celles-ci échouent : l'unité chrétienne est un idéal inatteignable avant même le début des croisades.

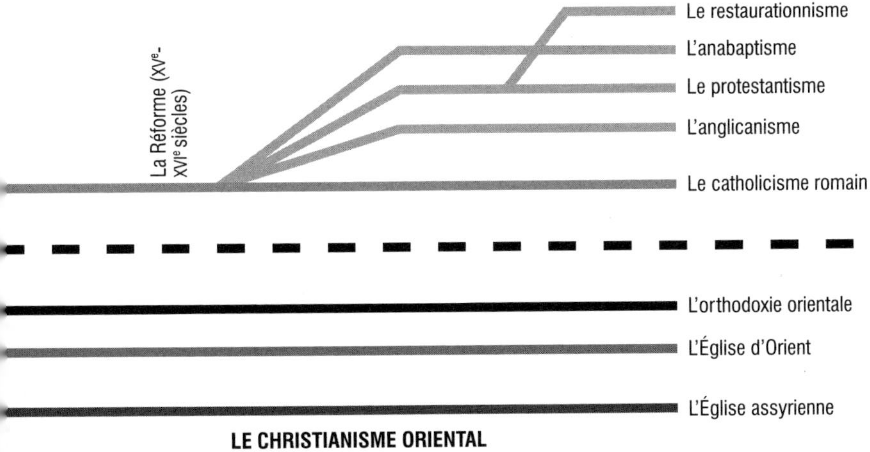

Les Incas

Au cours du premier millénaire, l'ouest de l'Amérique du Sud engendre de nombreuses cultures – notamment les Empires moche, huari et tiwanaku – caractérisées par l'utilisation de lamas comme bêtes de somme, l'existence de centres de production de laine et l'aménagement de grandes routes. On assiste ensuite au déclin de chacun d'eux, en raison peut-être des conditions climatiques. Vers le XIIe siècle, au Pérou, les Incas créent un petit royaume et choisissent Cuzco comme capitale. Sous le règne de Pachacutec (1438-1471), ce territoire devient le plus vaste empire de l'Amérique du Sud, s'étendant du Pacifique à l'Amazonie. En témoigne la construction du Machu Picchu à cette époque.

À la différence des civilisations mésoaméricaines du nord, les Incas ne connaissent pas l'écriture, même s'ils utilisent des quipous, système complexe de cordes nouées servant à recenser les données statistiques. L'entretien des routes, le repeuplement et la centralisation des lieux de stockage contribuent à unifier l'empire sous la férule de souverains semi-divins honorant divers cultes. Au début des années 1500, la variole est la première trace de l'arrivée des conquistadors. Les tribus d'Amazonie orientale restent divisées durant une bonne partie de l'époque coloniale.

Viracocha; Octabo Ynga;

Les croisades

Issue du latin signifiant « croix », la croisade est un terme collectif désignant un ensemble de conflits religieux qui s'étendent du XIe au XIVe siècle, marqués par les tentatives européennes visant à libérer Jérusalem. La ville a été prise à l'Empire romain d'Orient (Byzance) peu de temps après la mort de Mahomet ; considérée également comme un haut lieu de l'islam, elle est au cœur de luttes entre les différents califats – les Fatimides, originaires d'Égypte, et les Seldjoukides perses, issus d'une tribu turque – dans le but d'en prendre le contrôle.

En 1095, les Fatimides affaiblis tiennent Jérusalem, tandis que les Turcs prennent le pouvoir en Asie mineure. Alexis Ier, souverain byzantin, demande l'aide de l'Occident pour défendre les églises d'Orient et, sur ce, le pape Urbain II appelle à la première croisade. Les premières réactions sont synonymes de chaos indescriptible : des nuées de paysans et de membres de la petite noblesse s'élancent sous la houlette d'un prêtre, Pierre, surnommé l'Ermite. Sur le chemin, ils sont des milliers à mourir, et une foule affamée dévalise villes et fermes tout au long de ce périple avant de subir une défaite cuisante et de tomber aux mains des archers turcs. Grâce aux renforts, notamment de nombreux aristocrates cherchant à faire fortune, ils réussissent à atteindre Constantinople (où ils constituent un obstacle pour Alexis), traversent l'Asie Mineure, descendent lentement le long de la côte jusqu'en Israël et s'emparent de Jérusalem en 1099. Les royaumes des croisés sont découpés en fonction des nouvelles conquêtes ; la chute du premier d'entre eux, Édesse, est à l'origine de la deuxième croisade de 1145, synonyme d'échec total pour les chrétiens, mais incarnation du jihad – guerre sainte – pour les musulmans.

Gengis Khan et les Mongols

Temüdjin, né vers 1162, est le troisième fils d'un chef de tribu mongol : alors qu'il n'est qu'un enfant, il est assujetti et contraint à passer sa jeunesse comme prisonnier des précédents alliés de son père, les Taïdjioutes. Il s'enfuit et se forge une réputation comme conquérant redoutable ; lors de chaque campagne, il offre aux tribus conquises la possibilité de le rejoindre. Il vainc son ancien mentor Toghril et son ancien frère de sang Djamuqa ; en 1206, il devient, sous le nom de Gengis Khan, le chef suprême des tribus nomades, désignées collectivement sous le terme de « mongoles ». Au cours des vingt années suivantes, il envahit le nord de la Chine, sillonne la Perse jusqu'à la mer Caspienne, puis retourne en Chine pour sa dernière campagne. Il meurt en 1227.

Sous ses descendants, son empire s'étend de l'Indochine à l'Autriche, et il est seulement mis fin à son expansion lors de la bataille d'Aïn Djalout, ville située dans l'Israël moderne. Il s'agit d'un territoire conquis par les croisés en 1260 ; toutefois, ceux-ci sont ravis de laisser une armée de Mamelouks vaincre leur ennemi commun, d'autant que les Mongols prévoyaient également de se lancer à la conquête de l'Égypte. Kubilaï Khan, petit-fils de Temüdjin, fonde la dynastie chinoise des Yuan en 1271.

La *Magna Carta*

Richard Cœur de Lion est loin d'être un roi anglais exemplaire : il parcourt rarement son pays, est contrecarré dans ses projets lors de la troisième croisade et réclame des sommes colossales à ses sujets, utilisées pour payer une rançon de 150 000 marks lorsqu'il est fait prisonnier, à laquelle s'ajoute l'argent indispensable pour mener des guerres en France, son pays natal. Toutefois, peu souvent présent en personne pour collecter directement les impôts, il inspire par conséquent plus d'affection que son frère Jean. La vraie révolte n'éclate qu'après sa mort et s'accompagne d'une cascade de catastrophes. Les possessions normandes (terres originelles de Guillaume le Conquérant) s'affranchissent et, suite au conflit portant sur le choix d'un nouvel archevêque de Canterbury, le roi Jean est excommunié et l'aristocratie se soulève contre lui.

La *Magna Carta*, signée en 1215 à Runnymede, est la première tentative de limitation des pouvoirs royaux par des moyens juridiques. Jean accède par la ruse à des responsabilités clairement définies, mais la charte représente surtout un symbole pour les générations futures plutôt qu'un véritable instrument de pouvoir : ainsi, la révolte s'éternise bien au-delà de la mort du souverain.

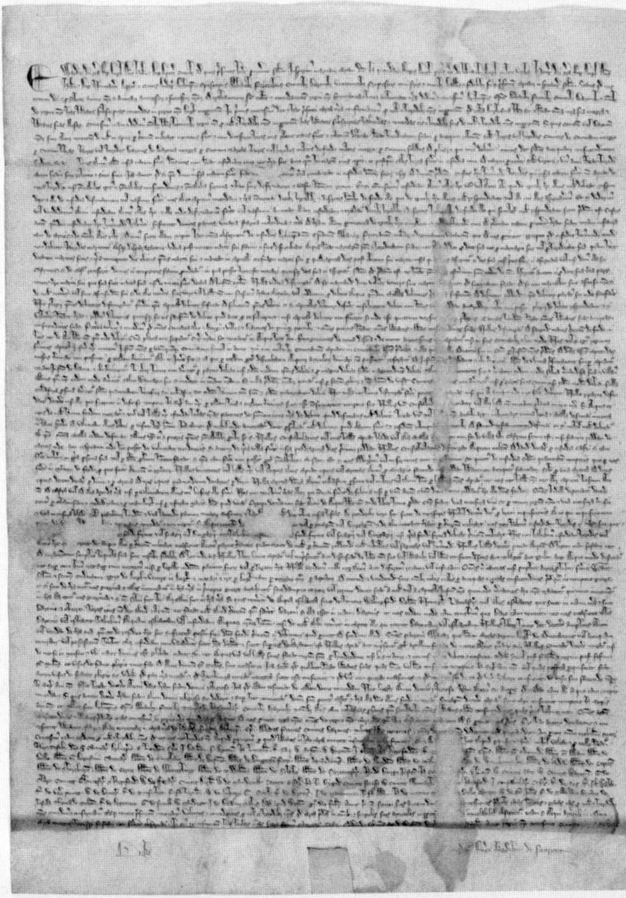

Les Mamelouks

Al-Mutasim, fils d'Haroun al Rachid, a l'habitude d'acheter des esclaves puis de les entraîner pour en faire de fidèles gardes du corps ; parallèlement, suite à la fragmentation de son pouvoir, le califat abbasside devient bientôt dépendant des membres de cette caste militaire. Or, ceux-ci s'avèrent peu dignes de confiance et accroissent chaque jour davantage leur domination sur la puissance abbasside. Ahmad Ibn Touloun, Mamelouk turc, instaure brièvement l'autonomie de l'Égypte au IXe siècle. Après les Fatimides, qui perdent des territoires au profit des croisés, et les Ayyoubides qui les regagnent, la dynastie mamelouke des Bahrites finit par en prendre le contrôle en 1250.

Face à des croisés très affaiblis, les Bahrites se dirigent sans difficulté vers l'est, confortés par l'anéantissement du califat abbasside de Bagdad par les Mongols en 1258. Ils créent leur propre empire et arrêtent la progression des Mongols en 1260. Les Burjites les remplacent en 1382 : ils contrôlent l'Égypte et le Proche-Orient jusqu'à la conquête ottomane en 1517. Même alors, les Mamelouks ne s'avouent pas vaincus ; plus tard, ils unissent leurs forces pour s'opposer à Napoléon en Égypte. Le général ottoman Méhémet Ali les massacre jusqu'au dernier en 1811.

L'Empire ottoman

Tout comme les Huns auxquels ils sont peut-être apparentés, les Turcs sont des tribus nomades aimant guerroyer. Originaires d'Asie centrale, peut-être de Chine, ils sont mentionnés dans les premiers récits relatifs à la route de la soie. Sous l'égide de leur chef de clan Seljuk (mort vers 1038), les Oghouzes – une branche des Turcs – s'établissent en Anatolie et adoptent l'islam au XIe siècle. Le petit-fils du chef, Tughril (vers 990-1063), fonde la dynastie Seljuk : il étend son influence jusqu'à Bagdad, s'érige comme protecteur des califes abbassides sur le déclin (en réalité jouant le rôle d'éminence grise) et se voit attribuer le titre de sultan. Toutefois, les dissensions politiques sont synonymes de division importante lors de l'arrivée des croisés et les Mongols conquièrent même le reste du sultanat en Anatolie.

Un autre seigneur de guerre oghouze, Osman Ier (vers 1258-1326), prend une direction différente et découpe les contours d'un autre royaume à partir du territoire byzantin ; il fonde une dynastie qui dure jusqu'au XXe siècle et finit par être renversé par Kemal Atatürk.

À la fin du siècle, ce royaume a assiégé Constantinople, mais les attaques de Tamerlan, culminant lors de la bataille d'Ankara en 1402, précipitent le monde dans le chaos pendant plusieurs années. Suite à la mort du sultan Beyazit Ier, ses fils s'affrontent dans une guerre civile âpre jusqu'à la prise de pouvoir par Mehmet Ier. Après la chute de Constantinople en 1453, l'empire se dote d'une nouvelle capitale et, au cours des deux cents ans suivants, prend de l'ampleur. La victoire des Européens à la bataille de Lépante sonne le glas de la domination du bassin méditerranéen par les Ottomans, mais en aucun cas celui des incursions ottomanes en Europe. Ces derniers prennent le contrôle du Proche-Orient islamique, y compris de l'Égypte, et se rendent maîtres de la route de la soie. Le système du millet confère à différents groupes religieux une certaine autonomie dans le cadre de leurs affaires juridiques.

Alors que Catherine la Grande soustrait la Crimée au pouvoir ottoman et que l'indépendance de la Grèce laisse entrevoir une faiblesse fondamentale, un lent déclin s'amorce. L'économie de l'empire repose sur une expansion continue et, une fois celle-ci endiguée, la chute est uniquement enrayée par des escarmouches périodiques à la frontière avec les autres empires en expansion, notamment la Russie et l'Autriche-Hongrie. Les visiteurs européens se rendant à Constantinople remarquent les mendiants et observent un sentiment de lassitude, même pendant la guerre de Crimée. Une dernière prouesse éclatante à Gallipoli (1915-1916) est insuffisante pour empêcher la chute définitive de l'empire.

Tamerlan

Les colons descendants des Mongols, implantés en Transoxiane (l'Ouzbékistan) deviennent mi-Turcs, mi-musulmans. Timour, fils d'un chef local, est capturé par les Mongols et ramené à Samarcande dans les années 1340. Souverain par procuration, il s'avère intraitable. Par la suite, il devient mercenaire et ses blessures lui valent le surnom de Timour le boiteux. Sa campagne de conquête est un mélange d'érudition, de propagande, de génie tactique et de sauvagerie absolue. Dans l'impossibilité de se réclamer de la lignée de Gengis Khan, il règne à travers des dirigeants fantoches. Ses conquêtes comptent Moscou, Alep, Bagdad, Kachgar et Dehli, avec pour corollaire l'introduction de l'islam en Inde, et font état, selon certaines estimations, de dix-sept millions de victimes. Il arase des villes entières et érige des pyramides de crânes comme moyen de dissuasion. Toutefois, c'est aussi un érudit qui correspond avec les rois français et castillans. Sa conquête d'Ankara, ville aux mains des Ottomans, le transforme en allié potentiel aux yeux de certains chrétiens, même s'il éradique pratiquement la secte des nestoriens. Il meurt en 1405 en menant une attaque contre la Chine des Ming, au cœur d'un froid hivernal sans précédent et d'épidémies. Les Moghols sont ses descendants dynastiques.

Suite à ses conquêtes indiennes en 1399, Timour fait ériger la mosquée de Bibi-Khanoum à Samarcande.

Les Ming

La dynastie chinoise des Ming (1368-1644) émerge après l'effondrement de la dynastie Yuan, fondée par Kubilaï Khan, petit-fils de Gengis Khan, et s'attache à rebâtir pas à pas un État indépendant chinois. Les Mongols continuent à harceler le nouveau régime, allant jusqu'à capturer l'empereur, en pleine crise de Tumu, induisant parallèlement la restauration et la reconstruction de la Grande Muraille. Une nouvelle capitale est fondée à Pékin en 1403. La littérature et les arts s'épanouissent ; quant aux céramiques Ming, elles sont très prisées.

Suite aux famines provoquées par le petit âge glaciaire et aux difficultés économiques, le mécontentement grandit dans le pays. Alors que les échanges européens donnent lieu à un afflux de métaux tels que l'argent, la dynastie abandonne le papier-monnaie des Yuan ou la monnaie de cuivre et de fer des Song et opte pour une monnaie frappée en argent. L'introduction par l'Espagne de protections plus rigoureuses met fin aux importations d'argent. Or, celui-ci est utilisé pour payer les taxes qui deviennent par là même inabordables pour un grand nombre de personnes. Le rebelle Li Zicheng s'empare de Pékin et se déclare empereur en 1644, avant d'être lui-même vaincu au cours de la rébellion. La dynastie des Qing lui succède et règne jusqu'en 1911.

La guerre de Cent Ans

La guerre de Cent Ans débute avec des chevaliers en armure et finit avec des canons, des pistolets et des campagnes qui durent toute l'année. Les hostilités alternent avec les trêves comme jamais dans aucun autre affrontement armé des trois précédents millénaires. Henri II, roi d'Angleterre, se montre judicieux et épouse Aliénor d'Aquitaine. Il règne sur les trois-cinquièmes de la France, malgré la perte par son fils Jean de la majorité du territoire, ce qui a motivé l'établissement de la *Magna Carta*. Édouard III prétend toujours au trône de France en 1337 : la bataille navale de l'Écluse en 1340 entraîne la destruction de la flotte française et assure aux Anglais la domination de la Manche pendant trente ans. Édouard et son fils, le Prince noir, triomphent lors de la bataille de Crécy en 1346, puis s'emparent du port de Calais. La prise de Poitiers en 1356 est un succès encore plus éclatant, marqué par la capture du roi de France Jean II.

Face à l'épuisement des finances des deux protagonistes et à une révolte paysanne à laquelle est confrontée la France, la trêve est déclarée en 1360. Une décennie plus tard, le roi de France Charles V lance discrètement la reconquête du territoire. Il meurt en 1380 et son fils Charles VI manifeste rapidement des signes de folie. Alors que les différentes parties manœuvrent pour s'emparer du pouvoir et de privilèges à la cour d'un roi en proie à des crises de démence, une guerre civile éclate en 1407. Au cœur de ce chaos, Henri V, roi d'Angleterre, entre à nouveau en guerre avec le soutien de la Bourgogne et triomphe d'une armée française nettement plus considérable à Azincourt, grâce à d'habiles archers anglais dont les arcs longs causent bien plus de morts et de blessés que les balles. Il parie sur le mois d'octobre pour livrer bataille, après les moissons et la saison des combats. Henri récupère la Normandie, épouse Catherine, la fille de Charles le Fou ; nommé héritier du trône de France, il supplante le dauphin, fils de Charles, mais meurt en 1422.

En 1429, une paysanne, Jeanne d'Arc, se présente au dauphin, prétendant que Dieu l'a envoyée afin de sauver la France. Elle se rend à Orléans et convainc les soldats français, qui lèvent le siège de la ville quelques jours plus tard : suite au retrait des Bourguignons, il ne reste qu'une armée anglaise inférieure en nombre. Sa direction des troupes à Patay met en évidence les faiblesses de la tactique anglaise et sa mort sur le bûcher en 1430 ne fait que renforcer sa légende. Le dauphin est couronné à Reims sous le nom de Charles VII et développe un corps d'artillerie capable de vaincre les archers munis d'arcs longs. Les victoires françaises s'enchaînent ; la Bourgogne change de camp en 1435, et après la bataille de Castillon de 1453, toutes les possessions continentales anglaises sont perdues, à l'exception de Calais. Les tensions franco-anglaises perdurent jusqu'à la guerre de Crimée.

La peste noire

Loin d'être la seule peste de toute l'histoire, la pandémie qui débute en 1347 – responsable en quatre ans de la mort d'un tiers de la population en Europe comme dans d'autres régions du monde – est sans nul doute la plus connue. Elle se propage par la route de la soie : les commerçants italiens la ramènent de Crimée, région probablement contaminée par les Mongols. Les puces sur les rats noirs sont les vecteurs originels de la maladie, mais celle-ci peut avoir été transmise par voie respiratoire. Le problème est aggravé par les famines.

On en rejette souvent la responsabilité sur les sorcières ou les Juifs ; toutefois certains, notamment en France, croient que cette malédiction s'est abattue sur le peuple en raison de ses péchés. Les représentations artistiques de squelettes deviennent monnaie courante. En Grande-Bretagne, les guildes des marchands, épargnées de façon disproportionnée en raison de leurs sources d'approvisionnement en eau, mettent en scène les histoires de la Bible sous forme d'actions de grâce, l'avènement du théâtre commercial puisant son origine dans les mystères. Avec la pénurie de main-d'œuvre et le prix relativement bas des aliments, le vrai féodalisme devient intenable et on assiste au début du versement direct de salaires. Certains investissent ces revenus dans la terre et consolident leurs prérogatives par l'acquisition de propriétés et commerces, bouleversant des siècles de privilèges aristocratiques.

Les Habsbourg

Le comte allemand Rodolphe de Habsbourg assoit la puissance de sa famille avec son élection en tant que roi des Romains (en réalité, roi de Germanie) en 1273 et suite à son acquisition de l'Autriche qui devient le siège du pouvoir familial. En 1440, les Habsbourg sont, aux yeux de la papauté, suffisamment puissants pour déclarer Frédéric III empereur du Saint-Empire romain : c'est le premier des deux Habsbourg à être ainsi honoré. Charles Quint est le second. Il est couronné en 1519, sa famille ayant à cette date établi des liens dynastiques dans tout le continent. Maximilien, fils de Frédéric, organise le mariage de son fils, Philippe le Beau, avec un membre de la famille royale espagnole, et sa petite-fille épouse l'héritier hongrois, fondateur de l'Empire austro-hongrois. Charles Quint règne sur les possessions germaniques, sur l'Espagne au cours de la période d'expansion des conquistadors et sporadiquement sur les Pays-Bas. Cette situation compliquée oblige la dynastie à se séparer en deux branches, l'une espagnole, l'autre autrichienne. Les alliances consanguines sont à l'origine de malformations physiques, comme le menton des Habsbourg, et de troubles mentaux ; elles contribuent à l'extinction des deux principales lignées malgré la survivance des branches cadettes. Les Habsbourg continuent à régner sur l'Autriche jusqu'à l'avènement de la république d'Autriche de 1918.

La guerre des Deux-Roses

Alors qu'il n'est qu'un enfant, Henri VI d'Angleterre devient roi en 1422, malgré des signes d'instabilité mentale. Ses oncles gouvernent comme régents, mais le royaume se divise en factions au cours de la guerre de Cent Ans, perdue par l'Angleterre. En 1453, Henri VI souffre d'une dépression. Richard d'York, qui jouit, du fait de ses succès en tant que chef de guerre, d'une grande popularité et se targue d'être un prétendant héréditaire au trône, est nommé Seigneur protecteur. La femme d'Henri VI, Marguerite d'Anjou, profite du « traité de paix » pour bannir Richard de la cour en 1455 suite à la guérison de son époux. Il s'ensuit une guerre civile, et Richard est désigné comme héritier par le Parlement en 1460. Marguerite continue le combat : Richard est tué au cours de la bataille de Wakefield, mais son armée de Lancastre subit en 1461 à Towton une défaite considérée comme la plus cuisante jamais subie sur le sol anglais. Le plus jeune fils de Richard, couronné sous le nom d'Édouard IV, écrase d'autres révoltes, y compris l'ultime attaque de Marguerite en 1471. Il meurt en1483 et son frère devient roi sous le nom de Richard III, après la disparition fortuite de ses jeunes neveux. Henri Tudor, Gallois descendant de la branche Lancastre, finit par vaincre Richard lors de la bataille de Bosworth en 1485 et, par son mariage avec Élisabeth de York, met fin au conflit.

L'imprimerie

Pendant un siècle, la gravure sur bois a été un procédé de reproduction des images, utilisé en Europe jusqu'en 1454 ; à cette date, Johannes von Gutenberg ajuste des presses à cidre pour imprimer des textes à l'aide de caractères d'imprimerie mobiles en plomb. En Chine, l'imprimerie a recours à des gabarits en bois dur pour les pictogrammes individuels et à de l'encre à base d'eau. Gutenberg adapte la peinture à l'huile, nouvelle technique mise au point par les Néerlandais, qui permet d'utiliser un papier de qualité inférieure. Posséder des livres est jusqu'alors un privilège et la lecture est l'apanage quasi exclusif des prêtres. Les ouvrages sont fabriqués à la main et très travaillés, représentant en eux-mêmes de vrais actes de dévotion. Ils sont souvent décorés, comme les Évangiles de Lindisfarne, et leur texte est légèrement altéré au fil des copies. Les livres imprimés marquent le début de la fabrication en série : Paris et Venise adaptent les techniques en mettant au point leurs propres caractères, romains pour la première, italiques pour la seconde.

L'alphabétisation devient un puissant outil pour les disciples de Martin Luther qui publient des bibles en langues locales. Des textes identiques, peu coûteux, favorisent le développement de l'instruction ; les cours individuels sont réservés aux familles aristocratiques, mais les fils de marchands peuvent bénéficier d'un enseignement de masse.

Avec l'accès facile aux copies de textes influents, le commerce des livres et les tentatives pour supprimer ces derniers vont de pair avec la Réforme et le développement du capitalisme. Gouvernements et insurgés tirent parti à parts égales de la nouvelle technologie pour faire circuler les messages de propagande.

On peut soutenir que la conception de l'État-nation moderne commence à se développer véritablement uniquement après 1500. En effet, à cette date, des quantités importantes de livres rédigés en langues indigènes deviennent accessibles. Alors que des érudits humanistes comme Pétrarque et Érasme sont des figures internationales marquantes grâce aux versions latines de leurs ouvrages, des œuvres vernaculaires, comme le *Décaméron* de Boccace et *Les Contes de Canterbury* de Chaucer, étaient jusqu'alors destinées à un usage personnel ou jouées au théâtre. Elles étaient donc réduites à une utilisation locale, dans tous les sens du terme. Les livres fabriqués en série sont intentionnellement durables et de portée nationale. Les transcriptions phonétiques ad hoc des accents régionaux sont codifiées ; parallèlement, les langues écrites caractérisent les nations européennes. Les productions de chaque langue sont exportables, mais la culture d'une nation est de plus en plus assimilée à une conversation privée. L'autodétermination et la conscience individuelle constituent l'idéal des cinq cents années suivantes et un modèle qui se propage dans le monde entier après le Siècle des lumières.

Les Médicis

Les Médicis comptent parmi les familles les plus prospères de la Renaissance italienne et doivent l'origine de leur ascension à la banque qu'ils fondent en 1397. Ils ouvrent des filiales dans toute l'Europe, dotent les cours de fonds et préfigurent le type de commerce international que nous tenons actuellement pour acquis. Cosme de Médicis pousse la famille à s'intéresser à la politique, son désintérêt de la banque conduisant à la chute de cette dernière en 1494. Il dirige Florence, tout comme le feront ses descendants qui en deviendront des maîtres héréditaires en 1530. Mécènes des arts et des sciences, ils encouragent la créativité de Michel-Ange, de Léonard de Vinci et de Galilée, parmi beaucoup d'autres. Quant à ceux dotés d'un génie politique, ils parviennent à s'introduire dans les maisons royales européennes telles que celle des Bourbon en France et des Habsbourg en Autriche pour se marier. Plusieurs fils deviennent papes. Léon X embellit Rome ; il commande également une presse à imprimer grâce aux fonds recueillis par la vente d'indulgences, pratique violemment condamnée par Martin Luther. Clément VII refuse le divorce à Henri VIII d'Angleterre et rallie les États papaux contre Charles de Habsbourg, dit Charles Quint. Il en résulte la mise à sac de Rome en 1527 qui met fin à la puissance des Médicis sous la Renaissance. La branche principale s'éteint en 1737.

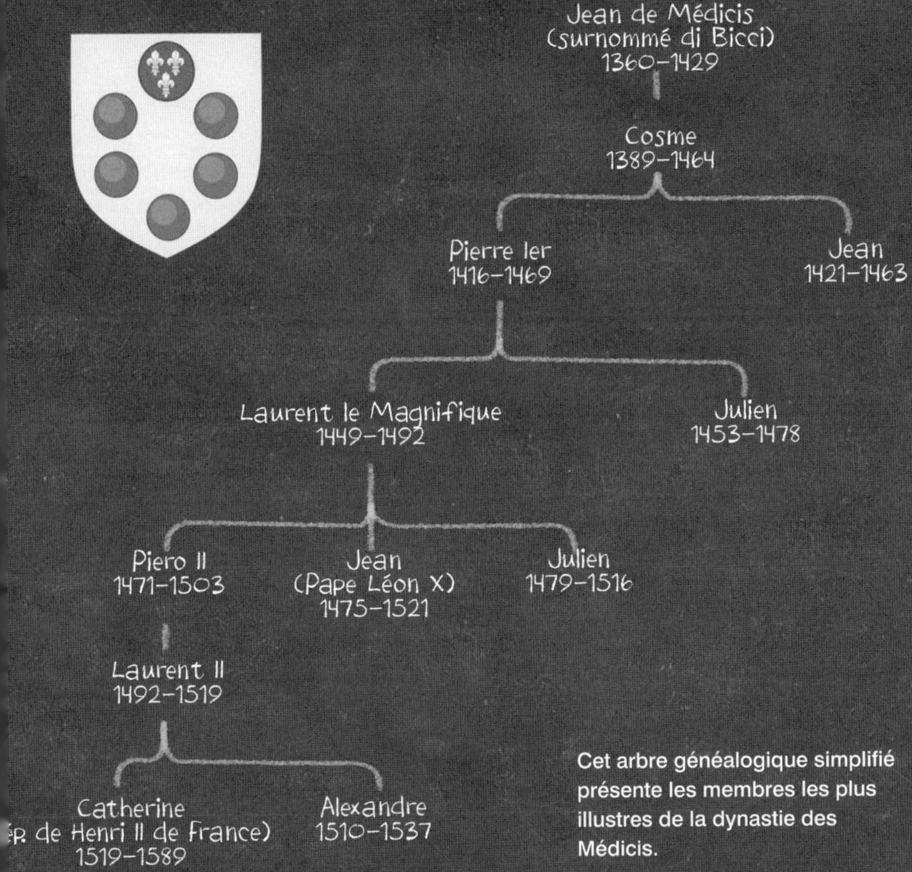

Cet arbre généalogique simplifié présente les membres les plus illustres de la dynastie des Médicis.

La chute de Constantinople

Les ruines de l'Empire romain s'écroulent lors de l'invasion et de la prise de sa dernière capitale indépendante par les Ottomans en 1453. Ce n'est pas la première fois qu'un tel événement se produit, les croisés ayant pillé ses richesses en 1204, mais cette fois-ci, son sort est scellé. Constantinople, réduite à sa forme essentielle de ville État à cette époque, joue toujours un rôle prépondérant en tant que comptoir commercial sur la voie terrestre menant vers l'Asie. Avec la perte de ce vestige de la route de la soie, les puissances occidentales commencent à chercher des routes maritimes vers les Indes ; parallèlement, Venise n'hésite pas à prendre le contrôle du commerce en Méditerranée.

Le pape appelle à la croisade, mais ne reçoit aucune réponse. La ferveur religieuse s'allie aux motifs géopolitiques sous d'autres formes suite à la Réforme. Jusqu'à l'échec des Ottomans pour s'emparer de Vienne en 1529, ces derniers continuent de progresser régulièrement, pénétrant en Hongrie d'une part et menant des attaques en Perse d'autre part. Quant à la France, elle leur facilite la tâche en lançant des offensives contre les Habsbourg. Constantinople, rebaptisée Istanbul, devient la capitale juridique et culturelle de l'Empire ottoman jusqu'à la chute de celui-ci en 1923.

La navigation

La chute de Constantinople qui permet aux Ottomans d'emprunter la route de la soie pour taxer les échanges commerciaux et l'utilisation répandue de la boussole, originaire de Chine, rendent les routes maritimes plus attrayantes pour les Européens au XVe siècle. Le prince portugais Henri le Navigateur (1394-1460) commande des cartes et lance des expéditions commerciales dans toute l'Afrique ; il est aussi à l'origine d'un commerce lucratif d'esclaves africains. En 1479, l'Espagne et le Portugal signent le traité d'Alcaçovas, qui divise le monde en fonction d'un méridien arbitraire : la première réclame les territoires à l'ouest, et le second ceux à l'est. Les terres productrices d'épices, la route de la soie et les Indes sont les objectifs des Portugais. Vasco de Gama contourne l'Afrique du Sud et atteint les Indes en 1490, favorisant la création rapide de routes commerciales. Ferdinand et Isabelle d'Espagne appuient une tentative de contourner le monopole portugais par une route vers l'ouest ; au lieu de cela, Christophe Colomb, lors du périple qu'il entreprend en 1492, trouve des terres non mentionnées par les autorités grecques et romaines. Jean Cabot, navigateur au service de l'Angleterre, part à la recherche de la route maritime des Indes par l'ouest, sur laquelle on ne naviguera pas avant 1906. Il atteint Terre-Neuve en 1497. En contrepartie de sa découverte de nouveaux lieux de pêche, il reçoit une récompense de cinq livres sterling. Les Vikings s'y étaient déjà rendus, mais le potentiel du Nouveau Monde comme territoire vierge d'échanges commerciaux ou de puissances rivales devient dorénavant évident. L'Espagne poursuit l'envoi d'expéditions vers l'ouest. Vasco de Balboa atteint le Pacifique en 1513 et Ferdinand Magellan organise une expédition qui navigue autour du monde entre 1519 et 1522. Seul un de ses cinq navires rentre en Espagne, chargé d'épices précieuses.

Les conquistadors espagnols pillent le Nouveau Monde : les Portugais s'emparent du Brésil au mépris des traités ; les Anglais colonisent ce qui deviendra les Treize États, suivis par les Hollandais et les Français. L'Amérique du Nord est transformée par les trappeurs français en champs de bataille pendant la guerre de Sept Ans, mais, initialement, la rivalité anglo-hollandaise prévaut sur tout autre événement. Élisabeth Ire accorde une charte à la Compagnie des Indes orientales en 1600, avec des conséquences désastreuses pour l'Inde. Au service du consortium rival, la Compagnie néerlandaise des Indes orientales, Henry Hudson, aventurier parti explorer le continent américain, dresse la carte de la baie et du fleuve qui porteront son nom. Et les Hollandais établissent un port stratégique à la Nouvelle Amsterdam.

Au XVIIIe siècle, la Grande-Bretagne réalise deux dernières percées majeures : James Cook prouve que la consommation de fruits permet d'éviter le scorbut, maladie touchant couramment ceux qui entreprennent de longs voyages en mer ; quant à John Harrison, il est l'inventeur d'un chronomètre fiable visant à déterminer la longitude.

Ferdinand et Isabelle

L'Hispanie romaine, c'est-à-dire l'Espagne et le Portugal réunis, est, à partir de l'an 409, perdue au profit des Visigoths qui, à leur tour, sont dépossédés de la majeure partie du territoire, celle-ci revenant aux Omeyyades, dynastie de califes arabes. À compter du Xe siècle, les seigneurs de guerre chrétiens s'emploient à « purger » le nord de la péninsule ; à l'inverse, dans le sud, le déclin de la *Convivencia* va de pair avec l'arrivée d'un nouveau régime islamique aspirant à purifier les coutumes laxistes que les musulmans y ont instaurées. Certains s'enfuient vers le nord, préférant vivre sous la domination de la Reconquête en Castille, Aragon ou Navarre. Aussi, la propagation des savoirs du monde arabe en Europe s'accélère, notamment les connaissances relatives aux équipements et chartes de navigation. En 1474, Ferdinand II d'Aragon épouse Isabelle Ire de Castille. En 1492, ils conquièrent le royaume de Grenade, au sud de l'Espagne, et réunissent le pays sous leur autorité. Les monarques publient un décret ordonnant la conversion forcée ou l'expulsion de tous les Juifs. Nombre d'entre eux sont alors contraints de s'enfuir à Venise, événement dont les effets rejailliront positivement sur la ville. Ceux qui restent doivent affronter l'Inquisition. Les souverains espagnols, confiants dans leurs pouvoirs, concluent des mariages dynastiques avec les Habsbourg et les Tudor ; ils financent également des expéditions visant à rivaliser avec celles du Portugais Henri le Navigateur.

Ayant obtenu une audience auprès de Ferdinand et d'Isabelle, Christophe Colomb se présente devant les souverains.

La Perse safavide

Après un siècle marqué par le règne des descendants de Tamerlan, la Perse est conquise par un adolescent en 1501. Ismail est le chef des Safavides. Cet ordre religieux islamique alors exilé en Ouzbékistan, à l'origine d'obédience soufie, se réclame dorénavant du chiisme duodécimain. Cette posture renforce l'inimitié des Perses envers les Ottomans et conduit au déclenchement des hostilités. La Perse perd l'Irak en 1555 et, avec le soutien des guerriers Qizilbash originaires d'Azerbaïdjan, Ismail s'empare de Tabriz, capitale de cette province.

Son successeur, Abbas, est le souverain le plus remarquable. Il érige une nouvelle et somptueuse capitale à Ispahan, qu'un brassage ethnique considérable transforme en carrefour commercial. De nouveaux métiers comme la confection de tapis s'y développent. Des émissaires européens s'y rendent pour neutraliser Constantinople : deux soldats anglais, les frères Shirley, réorganisent les armées d'Abbas. Toutefois, la Compagnie néerlandaise des Indes orientales bénéficie d'accords de commerce préférentiels ; de fait, les comptoirs portugais sont déplacés en 1602 et la flotte anglaise est repoussée une décennie plus tard. Suite à une révolte afghane en 1639, le pouvoir de l'empire décline : après la prise de Kandahar par l'armée moghole, les frontières du pays deviennent celles de l'Iran moderne.

Les conquistadors

En 1492, Christophe Colomb édifie un fortin sur l'île d'Hispaniola, partagée actuellement entre la République dominicaine et Haïti. Il soumet à l'esclavage les habitants qu'il ramène pour servir Ferdinand et Isabelle. Amerigo Vespuccci, son compatriote, voyageur également, se rend compte qu'il ne s'agit pas des Indes orientales, mais de nouvelles terres inconnues. En 1520, Hernán Cortés débarque au Mexique avec des chevaux ; ce phénomène inédit, associé à la relative pâleur des Espagnols, fait ressembler ces derniers à des divinités aztèques. Au moment où éclate la vérité, la colonisation espagnole est bien engagée, et les mauvais traitements et les maladies provoquent la mort d'une grande partie de la population.

Grâce aux alliances indigènes et au rapt de Moctezuma II, Cortés parvient à renverser l'Empire aztèque. Son cousin Pizarro s'empare de l'Empire inca en 1533 (voir « Tupac Amaru »). Les deux empires s'avèrent abonder en métaux précieux qui sont exportés vers l'Espagne. Toutefois, l'augmentation des réserves d'argent, qui ne s'accompagne pas d'un accroissement des marchandises, provoque une hyperinflation et ruine le commerce espagnol. Elle favorise également l'essor des pirates et des corsaires, principalement anglais. Le Portugal, actif en Orient, poursuit sa colonisation du Brésil, peuplant d'esclaves africains les plantations de sucre et de café.

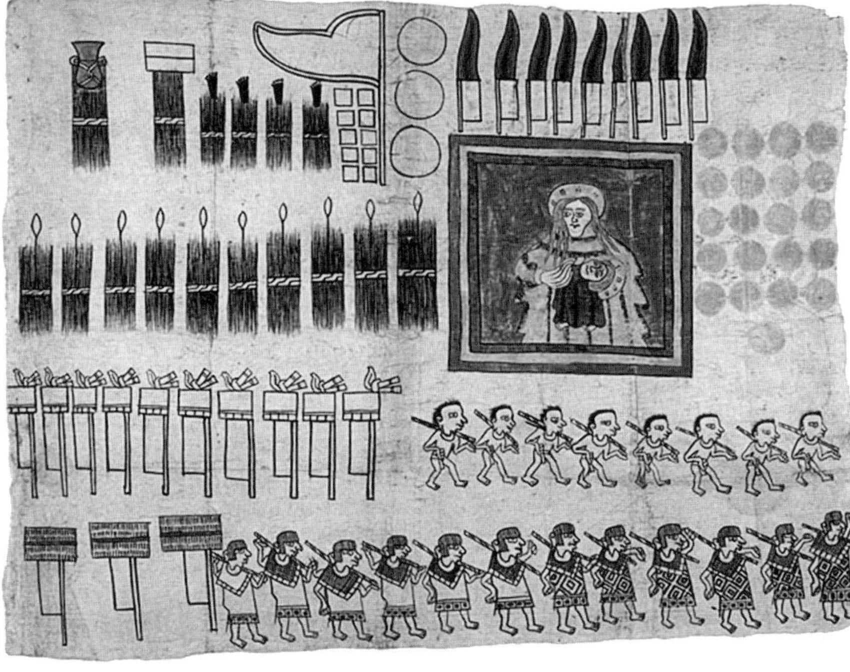

Le *Codex d'Huexotzinco*, réalisé peu après la conquête espagnole, inclut l'une des toutes premières représentations mésoaméricaines de la Vierge Marie.

Martin Luther

Né en Saxe en 1483 sous le nom de Hans Luder, Luther devient dans sa jeunesse un moine fervent, et ce à une époque où, du fait des Médicis et des papes Borgia, l'attachement aux biens terrestres est à l'ordre du jour. Atterré par la corruption, il élabore une doctrine de la rédemption fondée sur la foi plutôt que sur des bonnes œuvres comme les dons à l'Église. Outre les dîmes (dons d'un dixième des recettes), le catholicisme est financé par la vente d'indulgences qui offrent la rémission de ses péchés en contrepartie d'oboles. En 1517, Luther rédige ses *95 thèses*, ouvrage s'élevant contre de telles pratiques ; en outre, des pamphlets et les presses d'imprimerie contribuent à répandre ses idées protestantes dans toute l'Europe.

Le pape Léon X exige l'abjuration de Luther lors de la Diète de Worms et l'excommunie en 1521. Libéré de ses vœux, celui-ci traduit une bible en langue vernaculaire et se marie. D'autres réformateurs, notamment Calvin, Zwingli et Knox, développent des théologies protestantes personnelles. Henri VIII, roi d'Angleterre, juge la Réforme politiquement opportune ; quant à la défense du catholicisme lancée par Charles Quint, empereur du Saint-Empire romain, elle pousse de nombreux nobles allemands dans le giron du protestantisme.

Les Moghols

La dynastie des Moghols donne naissance à dix-sept empereurs qui, de 1526 à 1707, soumettent et unifient le sous-continent indien, créant la cour la plus riche alors existante sur terre. Babur, seigneur de Ferghana, l'un des nombreux petits princes descendants de Tamerlan et de Gengis Khan, est élevé dans l'Ouzbékistan et l'Empire safavide. Il revendique l'Afghanistan et le nord de l'Inde pendant les quatre dernières années de sa vie, laissant ces États aux mains d'Humayun en 1530. Celui-ci est détrôné en 1540. Il revient quinze ans plus tard, étend son territoire et ramène de son exil persan artistes et érudits.

Akbar le Grand règne à partir de 1556 et lance des conquêtes d'envergure sur les terres hindoues. Il instaure un culte de la personnalité et autorise la liberté religieuse dans un royaume en théorie musulman. Jahangir lui succède en 1605, et le shah Jehan règne de 1627 à 1658. Le chagrin qu'il éprouve à la mort de son épouse le conduit à construire le Taj Mahal, un des nombreux monuments caractéristiques de l'art moghol. Par la suite, il est déposé par son fils ambitieux et jeté en prison. Malgré la montée des violences religieuses, son règne marque l'apogée de la domination moghole.

La Réforme anglaise

Henri VII promet en mariage son héritier Arthur à Catherine d'Aragon, infante d'Espagne. Toutefois ses projets dynastiques échouent avec la mort de ce dernier. Son plus jeune fils, Henri, se préparait à devenir archevêque, mais, lorsqu'il est couronné sous le nom d'Henri VIII, il obtient une dispense papale pour épouser la veuve de son frère. Après des années de mariage et la naissance d'une seule fille, il s'emploie à faire annuler cette union potentiellement blasphématoire, mais est confronté au refus du nouveau pape. Sous l'influence de conseillers, en proie eux-mêmes à l'emprise de Luther, il fonde un culte dissident, l'Église d'Angleterre, en 1536. Il ordonne l'exécution de Thomas More, chancelier du roi, coupable d'avoir critiqué son opportunisme, mais, paradoxalement, continue à assister à la messe catholique jusqu'à sa mort.

Le pillage des biens monastiques contribue à accroître les revenus du royaume ; parallèlement, d'anciens moines deviennent percepteurs dans des écoles destinées à une bourgeoisie montante. Marie Ire, fille d'Henri et de Catherine, ramène l'Angleterre dans le giron du catholicisme ; elle condamne au bûcher trois cents martyrs au cours de ses trois ans de règne. Fille d'Henri par son second mariage, Élisabeth Ire annule cette disposition. Depuis lors, l'Angleterre est restée protestante, en théorie du moins.

La bataille de Lépante

La progression constante des Ottomans depuis la chute de Constantinople est finalement stoppée en 1571. Le pape Pie V lance un appel à la formation d'une ligue, composée des pays chrétiens, pour s'opposer à l'Empire turc, notamment pour lever un siège à Chypre. Don Juan d'Autriche commande la flotte, les armées espagnoles et italiennes sont en première ligne. L'Angleterre protestante décline et la France est engluée dans un conflit interne. Lépante est une petite ville située dans la partie la plus étroite du golfe de Corinthe, qui divise quasiment en deux la Grèce à proximité du défilé des Thermopyles ; par conséquent, elle constitue un point stratégique détenu successivement par de nombreux états. Ainsi, en 1499, Venise en perd la possession qui revient aux Ottomans.

C'est aussi le théâtre de la prise de la principale flotte ottomane par la Sainte Ligue le 7 octobre 1571. Même si les Ottomans sont en supériorité numérique, on dénombre environ trente mille morts et blessés dans le camp islamique ; dans celui de la Sainte Ligue, on en recense environ sept mille cinq cents et tout autant d'esclaves chrétiens libérés. Une grande partie du commandement naval turc est tuée et ses soldats armés d'arcs composites sont écrasés : l'archerie ne sera plus jamais l'élément décisif d'une bataille navale.

La supernova de 1572

La plupart des gens considéraient une synthèse du christianisme et de l'aristotélisme, répandue alors dans toute l'Europe, comme étant une idée sensée : tout ce qui existe au-dessus de la Lune est parfait et incorruptible, mais en raison du péché commis par l'humanité, la Terre est sujette à la décadence, à la maladie et à la mort. Les planètes se déplacent en cercles parfaits autour d'elle et sont enchâssées dans des sphères d'adamantine. Dans les cieux, tout est immuable.

Puis, après un voyage de huit mille ans, la lumière d'une explosion stellaire lointaine dans la constellation de Cassiopée atteint la Terre en novembre 1572. La mentalité de la Renaissance, qui aux hypothèses confuses des maîtres de l'époque classique préfère des observations directes, est mieux préparée à accepter ces évolutions. Toutefois, cette nouvelle étoile ou supernova, visible le jour, provoque un choc immense parmi la population : elle coïncide avec l'augmentation de la violence religieuse et la peur de troubles sociaux. Les études détaillées de l'astronome danois Tycho Brahe prouvent que la supernova est bien plus éloignée que la Lune et fournit par la suite le socle d'un remaniement complet des idées relatives à la nature de l'univers.

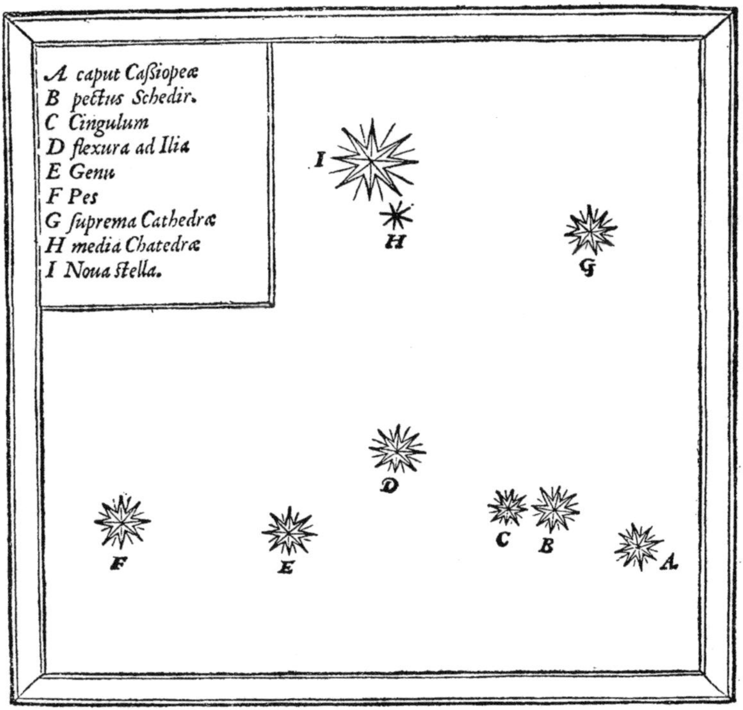

A Caput Cassiopea
B PetlusSchedir
C Cingulum
D Flexura ad Ilia
E Gen
F Pes
G Suprema Cathedra
H Media Chatedra
I Nova Stella

Carte de Tycho Brahe décrivant la nouvelle étoile de 1572.

Tupac Amaru

Avant l'arrivée en 1532 du conquistador Francisco Pizarro, la mort du Sapa Inca, victime de la variole, déclenche une guerre civile entre deux de ses fils qui affaiblit l'Empire inca. S'inspirant des attaques de son cousin Cortès en Mésoamérique, Pizarro avait exploré la région en 1524, découvert que les Incas connaissaient l'art de fondre les métaux précieux et fini par persuader le roi Charles de Habsbourg, dit Charles Quint, de lui fournir des hommes pour conquérir de nouvelles terres.

Pizzaro fait preuve de savoir-faire pour déployer ses canons et ses cavaliers au cours de la bataille de Cajamarca : il préserve sa petite armée et kidnappe l'empereur Atahualpa. Il exige et reçoit une rançon exorbitante, puis assassine l'empereur, s'empare de Cusco dans la plus grande confusion, entraînant dans son sillage révoltes et règnes de souverains fantoches. Il est tué par des compatriotes espagnols envieux en 1541. Tupac Amaru, dernier représentant de la dynastie inca, lance une offensive finale en 1572 qui lui vaut d'être exécuté. Les Espagnols assoient solidement leur domination : ils recourent à une tradition inca spécifique, qui stipule l'obligation pour les personnes de travailler un certain nombre de jours fixés dans le but de soutenir l'activité minière nationale.

Le *Codex Mendoza*, destiné à Charles Quint, empereur du Saint-Empire romain, comprend des descriptions détaillées de l'histoire et de la vie quotidienne aztèques.

Les missionnaires

Le christianisme se propage de bouche à oreille avant Constantin, mais les Romains font respecter la conversion. Les convertis assyriens atteignent la Chine sous l'ère des Han. Saint Cyril diffuse l'orthodoxie en Russie et, suite à la Réforme, les écoles de la chrétienté occidentale rivalisent pour attirer des convertis issus de tout le monde connu, alors en expansion constante. L'ordre jésuite créé par Francis Xavier, composé de catholiques, est en majorité actif en Chine, au Japon et dans certaines régions d'Amérique latine sous les conquistadors. Nombreux sont ceux qui font de moins en moins œuvre de prosélytisme au fur et à mesure qu'ils s'éloignent de Rome et prolongent leur séjour. Matteo Ricci élabore un dictionnaire et traduit les Éléments d'Euclide en chinois. Suite à l'édit de Sakuko, l'Indochine fait l'objet désormais de toutes les attentions.

Les missions protestantes, principalement anglicanes, sont très présentes dans la sphère d'influence britannique. Toutefois, les États-Unis envoient également des missionnaires qui sont souvent les premiers Occidentaux à atteindre des régions éloignées : David Livingstone fonde une mission en Ouganda et, parallèlement, cherche la source du Nil. Incidemment, des récits de combattants de la liberté émaillant l'Ancien Testament inspirent les mouvements de libération tout au long du XXe siècle.

Matteo Ricci, jésuite missionnaire, à côté du bureaucrate et savant Xu Guangxi, un des tout premiers convertis au christianisme et son confrère de longue date.

Ivan le Terrible

Ivan IV (1530-1584) n'est pas le premier souverain russe à s'arroger le titre de tsar : son grand-père Ivan III, qui arrêta la progression des Mongols, fit de même avant lui. Comme dans le cas de Louis XIV, son père meurt jeune et il est élevé au milieu des intrigues de cour. Ses conquêtes sont innombrables, notamment le Kazan, l'Astrakan, la Sibérie, tous ces territoires étant détenus auparavant par la Horde d'or. Toutefois, une tentative de prendre la Livonie échoue et les Tatars de Crimée lancent des incursions sur Moscou en 1571. Au cours de son règne, les commerçants anglais pénètrent également dans le port d'Arkhangelsk, au nord du pays, et créent la Compagnie de commerce moscovite.

Ivan fait un premier mariage heureux avec Anastasia Romanova ; suite à la mort de celle-ci en 1560, peut-être par empoisonnement, il commence à mériter son surnom. Il se méfie des aristocrates, les boyards, les tourmentant sous couvert de lois, réimplantations forcées et massacres. Il crée également une police secrète, les oprichniki. Tout comme son descendant Pierre le Grand, il tue son propre fils. Son héritier potentiel, Fédor, meurt sans descendance, mettant fin à la dynastie Rurikid. Quant à la famille Romanovna, elle est à l'origine de la maison des Romanov.

Les plantations d'Ulster

La reine Élisabeth Ire imprime un renouveau culturel en Angleterre, mais, en tant que protestante, est excommuniée par le pape Pie V en 1570. Cette décision permet aux États catholiques de tenter sans crainte d'envahir l'Angleterre ; ainsi, l'Espagne lance une tentative d'attaque navale en bonne et due forme en 1588. L'Armada est stoppée par des corsaires anglais et un ouragan inattendu, mais les menaces persistent. L'Irlande catholique semble être un point de départ probable des invasions : le père et la sœur d'Élisabeth sont déclarés souverains de l'île (pour la dernière, avec l'accord du Vatican) et son courtisan Essex se lance dans une colonisation systématique de l'Ulster (au nord-est de l'Irlande) comme si celui-ci était inoccupé. Il écrase brutalement l'opposition, mais est lui-même exécuté par son monarque.

Le successeur d'Élisabeth, Jacques VI d'Écosse (Jacques Ier, roi d'une Grande-Bretagne unifiée), accélère la colonisation sporadique menée par les protestants écossais, notamment après la quasi-destruction par une cellule terroriste catholique du parlement et sa quasi-mort au cours de la tristement célèbre Conspiration des poudres. Nombreux sont ceux qui s'installent ailleurs, plus pour des raisons économiques qu'idéologiques. Toutefois, en 1640, on recense quarante mille colons protestants.

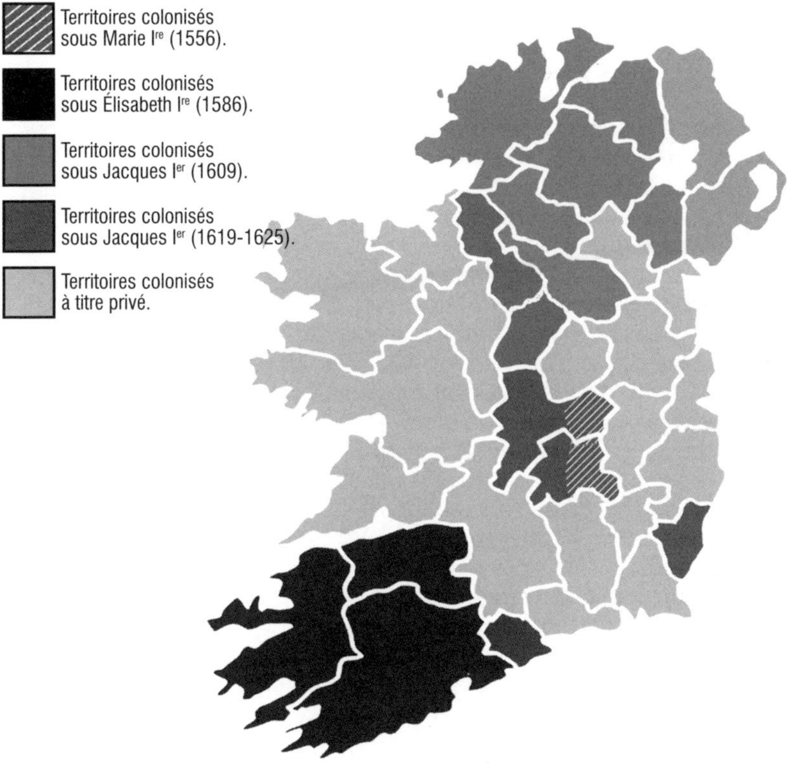
Territoires colonisés
sous Marie Ire (1556).
Territoires colonisés
sous Élisabeth Ire (1586).
Territoires colonisés
sous Jacques Ier (1609).
Territoires colonisés
sous Jacques Ier (1619-1625).
Territoires colonisés
à titre privé.

La guerre de Trente Ans

Plusieurs conflits européens ont lieu simultanément et sont regroupés sous l'appellation de « guerre de Trente Ans » : ils englobent la Réforme et ses répercussions, l'antagonisme entre les Habsbourg et leurs rivaux et les conflits directs entre états voisins, que l'on peut diviser en cinq phases et qui débutent en 1618 pour se terminer en 1648. Les quatre premiers durent de trois à cinq ans chacun. Le premier semble simple : il porte sur la succession en Bohème après la mort de Rodolphe II, également empereur du Saint-Empire romain, connu pour son originalité, et de son frère Matthias sans héritier mâle. Rodolphe intensifie la tolérance religieuse en Bohème alors que son empire se réduit suite à la perte de terres en Autriche et en Hongrie au profit des Ottomans. Matthias le détrône, mais meurt peu de temps après. Toutes les conditions sont réunies pour la reconversion de la Bohème dans le cadre de la Contre-Réforme : Ferdinand, prétendant catholique au trône, et Frédéric, protestant, obtiennent des suffrages résultant principalement de divergences sur les questions religieuses. Une révolte éclate après que deux régents catholiques sont précipités par une fenêtre du troisième étage – la Défenestration de Prague –, donnant lieu à la montée de Frédéric sur le trône de Bohème tandis que Ferdinand devient empereur du Saint-Empire romain.

Les partisans Habsbourg de Ferdinand lancent une incursion contre les domaines de Frédéric dans le Palatinat rhénan. La deuxième phase de la guerre est déclenchée lorsque les Hollandais, cherchant à s'affranchir de la tutelle de la branche espagnole des Habsbourg, apportent leur soutien à Frédéric.

En 1625, les victoires des Habsbourg sur le Rhin entraînent une alliance entre la France catholique, le Danemark luthérien, la Grande-Bretagne – dont le roi Jacques Ier est le beau-père de Frédéric – et la Hollande. Le Saint-Empire romain bénéficie de l'appui d'un Bohémien dénommé Wallestein, en qui personne n'a confiance, destitué par les alliés. En 1630, le roi Gustave Adolphe de Suède intervient pour réclamer des terres germaniques et empêcher la domination des Habsbourg : seule la France lui apporte son soutien, principalement financier. L'empire contre-attaque, rappelle Wallestein pour repousser les Suédois : suite à la mort du roi, sa fille la reine Christine est couronnée à l'âge de six ans. L'empereur Ferdinand ordonne alors l'assassinat de Wallestein. À partir de 1634, un conflit franco-espagnol fait rage en Allemagne, permettant aux Suédois de s'emparer de la Bohème. Finalement, le traité de Westphalie met un terme aux conflits, avec pour corollaires la restauration du catholicisme en Autriche et en Bohème et l'annexion de l'Alsace par la France. La Suède se voit sommée de quitter les lieux mais conserve néanmoins les terres au nord de l'Allemagne. Sous le règne de Louis XIV, la France est devenue la puissance géopolitique dominante : les futures guerres européennes sont subordonnées à la nationalité plutôt qu'à la religion.

La Compagnie néerlandaise des Indes orientales

Libérés de la férule des Habsbourg et ayant acquis leur indépendance en 1609, les Néerlandais développent rapidement leurs entreprises commerciales et éclipsent bientôt Venise. Prenant pour modèle la Compagnie anglaise des Indes orientales, la Compagnie néerlandaise des Indes orientales a pour but d'exploiter le goût démesuré pour les objets de luxe et les herbes médicinales réprimées par les Ottomans. Les Néerlandais brisent l'étau portugais imposé sur les routes maritimes vers l'Asie du Sud-Est et commercent directement avec le Japon : suite à la guerre anglo-néerlandaise de 1667, une minuscule île productrice de noix de muscade a tant de valeur qu'on l'échange contre la Nouvelle-Amsterdam (l'île de Manhattan moderne). La coordination par l'État permet à chaque navire de maximiser la valeur de sa cargaison, ouvrant la voie de la gestion publique des stocks à risques partagés. Les traversées permettent des bénéfices de quatre cents pour cent et la spéculation devient inévitable, même après les bulles financières salutaires comme la désastreuse « folie des tulipes ». Tandis que les pays européens voisins sont occupés par des guerres religieuses, les talents affluent vers ce nouveau pays, ainsi que quelques aristocrates et membres du clergé démunis. Longtemps après la fin de de l'âge d'or néerlandais, l'habitude de spéculer restera ancrée dans les marchés du monde entier.

Le commerce triangulaire

Les esclaves sont présents dans les Amériques avant que les Européens n'y nouent des contacts. Mais ce sont en général uniquement des prisonniers de guerre et leurs enfants sont libérés. Au cours de ses voyages pour le compte de Ferdinand et d'Isabelle, Colomb achète des esclaves amérindiens et les conquistadors espagnols imposent aux populations locales des travaux forcés pour les asservir, d'où des taux de mortalité effroyables. Le Portugal emploie déjà des esclaves africains sur ses îles atlantiques, ce qui permet d'étendre rapidement le système. Ainsi, quarante pour cent des esclaves importés, environ dix millions, sont envoyés dans les plantations brésiliennes : ils meurent encore plus nombreux en chemin ou au cours d'affrontements avec des ravisseurs en Afrique. La récolte du tabac en Virginie absorbe plus de main-d'œuvre que les travailleurs anglais sous contrat de servitude ne peuvent en fournir, et ces colonies adoptent également l'esclavage. Finalement, des schémas de commercialisation se développent. Des navires quittent l'Angleterre ou la Hollande transportant des marchandises en Afrique en contrepartie d'esclaves qui, chargés à bord, sont envoyés aux Amériques. Les matières premières comme la canne à sucre sont à leur tour expédiées en Europe pour y être transformées en produits commerciaux. Des marchands de la Nouvelle-Angleterre finissent par intégrer le circuit, mais les navires sillonnent rarement l'ensemble du triangle.

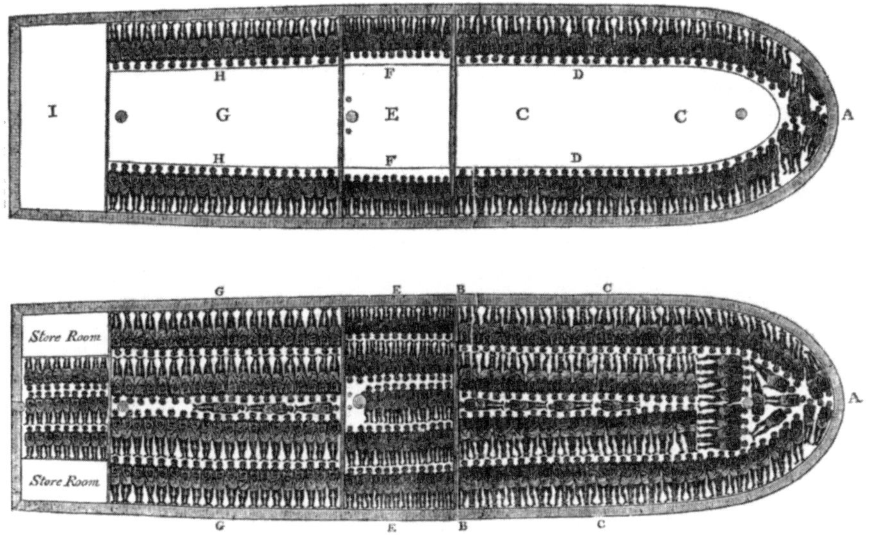

Une illustration contemporaine montre l'agencement type d'un bateau d'esclaves : les hommes transportés à bord sont enchaînés les uns aux autres et peuvent à peine bouger pendant un long voyage en mer.

Le puritanisme

Forme de fondamentalisme protestant prenant naissance à Zurich, le puritanisme, affiné par Jean Calvin, s'étend à l'Écosse, puis à l'Angleterre. Le radicalisme de sa doctrine et son influence disproportionnée reflètent les croyances millénaristes en usage dans l'Europe du XVIIe siècle. Les protestants considèrent l'intercession entre le croyant et Dieu comme un signe de corruption ; ils suppriment le clergé, l'iconographie et les rituels. Convaincus que le jour du Jugement dernier surviendra en 1666, les puritains sont moins tolérants que la plupart des protestants envers les concessions faites au catholicisme, jugé hérétique. Ils propagent leur doctrine dans toute l'armée parlementaire au cours des guerres civiles anglaises, et l'exécution du roi Charles Ier semble s'aligner sur les prophéties bibliques.

Les membres d'une secte, les Quakers, fument du tabac en quantités telles qu'ils ont des hallucinations et sont considérés comme étant une plus grande menace que les terroristes catholiques. Devant le refus opposé à ses exigences, un autre groupe de dissidents quitte l'Angleterre et s'aliène une Amsterdam pourtant tolérante. Ils embarquent sur le Mayflower et traversent l'Atlantique, interprétant leur traversée en toute sécurité comme un signe d'approbation pour imposer leur volonté au Nouveau Monde.

Monsieur, je vous apporte
de la bonne chère.

Noël des temps anciens, bienvenue ;
N'ayez aucune crainte. »

s de ma
vous
es pas les
venus ici.

Un dessin humoristique de l'époque du Commonwealth anglais fait une satire des tentatives des Puritains d'interdire la célébration de Noël.

La reine Christine

En 1632, à 6 ans, Christine, unique enfant du roi Gustave Adolphe, est élevée au trône de Suède. Une fois en âge de régner, elle met tout en œuvre pour mettre un terme à la guerre de Trente Ans, responsable de la mort de son père, même si les conditions ne s'avèrent pas satisfaisantes pour son pays. Imitant Rodolphe II de Bohême, elle montre de l'admiration pour des artistes, des scientifiques et des érudits comme le philosophe René Descartes. Une curiosité insatiable la conduit à abandonner le luthéranisme, religion d'État, au profit du catholicisme, auquel elle trouve pourtant aussi des failles. Cette attitude la contraint à abdiquer en faveur de Charles X.

L'ex-reine coupe ses cheveux, adopte un style de vêtement masculin et voyage à destination du sud de l'Europe : en chemin, elle réunit des êtres talentueux, qui deviennent ses protégés, et entreprend de négocier son pouvoir. Ses projets, témoignages de sa bravoure, incluent un plan destiné à devenir reine de Naples. En outre, elle sert d'intercesseur entre l'Espagne et la France. Les gouvernements la prennent au sérieux : elle est influente, imprévisible et d'une érudition hors pair. Elle adresse une requête à son ami le pape Clément X suite à la révocation de l'édit de Nantes par Louis XIV et compte parmi les trois seules femmes à être enterrées au Vatican.

Les maisons de café

L'habitude de boire du café et de se réunir dans des maisons dédiées à cette pratique, répandue par les marchands, voit le jour à Constantinople vers 1475. Suite à l'autorisation de rentrer en Angleterre donnée aux Juifs par Oliver Cromwell pendant les années 1650, des maisons de café s'ouvrent bientôt à Oxford et à Londres. Environ trois mille sont en activité sous le système monarchique de la Restauration des années 1660 : elles font office de centres d'informations, de lieux d'échanges commerciaux et de foyers de divergences d'opinions. La Bourse, les sociétés de ventes aux enchères et les courtiers en assurance y trouvent leur origine, tout comme les journaux, les pamphlets satiriques, les politiques des partis, la Banque d'Angleterre et la bulle spéculative de la Compagnie des mers du Sud.

Dans le sillage des guerres entre les Ottomans et les Habsbourg, Vienne s'empare avec enthousiasme de cette coutume : l'ajout de crème, de sucre et l'accompagnement par des pâtisseries naît ici. La France cède à cet engouement peu de temps après et, selon certaines thèses, le Siècle des lumières serait le produit de cette culture. Le commerce des fèves de café et du sucre modifie les routes du commerce triangulaire et, paradoxalement, conduit la Grande-Bretagne à délaisser le café en faveur d'une nouvelle mode : le thé. Toutefois, dans le reste du monde, le café reste une boisson prisée.

L'édit de Sakoku

Les Européens atteignent l'Extrême-Orient par mer dans les années 1500 ; parallèlement, les missionnaires et les marchands nouent rapidement des contacts amicaux avec le Japon, à une époque où le pays est davantage tourné vers l'étranger qu'il ne l'avait été jusqu'ici. Le shintoïsme présente des points communs avec le rituel catholique, mais les concepts de ciel et d'enfer vont à l'encontre de la perception des esprits des ancêtres comme forces immanentes. Tokugawa Ieyasu réussit brillamment à réunifier le pays grâce à sa victoire lors de la bataille de Sekigahara en 1600 ; il fonde une lignée qui restera au pouvoir jusqu'au XIXe siècle. Un sentiment de défiance à l'égard des influences extérieures conduit à persécuter les chrétiens. Toutefois, les échanges commerciaux avec les marchands portugais se poursuivent jusqu'en 1635, date de promulgation par Iemitsu de l'édit de Sakoku. Ce dernier interdit le christianisme et met un terme au commerce avec l'étranger, sauf avec la Compagnie néerlandaise des Indes orientales qui ne fait aucun prosélytisme. Cette politique perdure jusqu'en 1858, date à laquelle une flotte de guerre américaine dirigée par le contre-amiral Perry contraint le Japon à rouvrir ses ports. Entre-temps, les Jésuites continuent de recevoir un accueil chaleureux sous le règne de l'empereur chinois Kangxi jusqu'en 1715 : le pape Clément XI acquiert alors la conviction que le catholicisme ne peut accueillir le bouddhisme en son giron.

L'empereur Iemitsu, instigateur de la proclamation de l'édit de Sakoku qui restera en vigueur de longues années.

Louis XIV

Le roi Soleil (1638-1715) reconfigure la bureaucratie de l'État français. Il fait construire le palais de Versailles, d'un coût exorbitant, et s'entoure d'une cour d'aristocrates serviles. Il mène plusieurs guerres, en général synonymes de victoires. La dernière, la guerre de succession d'Espagne, s'avère la plus désastreuse. La France entre en guerre avec le reste de l'Europe pour placer Philippe, petit-fils de Louis, sur le trône d'Espagne, suite à la mort de Charles II de Habsbourg, sans héritier.

Louis hérite du trône à l'âge tendre de 4 ans : son enfance est assombrie par la Fronde, mouvement antimonarchiste, et même l'exécution de son homologue anglais Charles Ier ne décourage pas sa foi dans le droit divin des rois. De même, une vie privée extravagante et les guerres religieuses dans toute l'Europe ne tempèrent pas son catholicisme belliqueux. Lorsqu'il révoque l'édit de Nantes, conçu au siècle précédent pour mettre un terme au carnage religieux, environ deux cent mille protestants fuient le pays. La centralisation étatique entrave le développement des colonies françaises avant l'avènement de la guerre de Sept Ans.

Pierre le Grand

L'Empire russe est en grande partie formé à l'époque de la montée sur le trône de Pierre Ier (1672-1725) à l'âge de 10 ans. La Sibérie est conquise depuis peu, mais la Russie reste féodale, dépourvue de toute bourgeoisie ou infrastructure. L'histoire est célèbre : Pierre se rend en Occident incognito en tant que membre d'une délégation qui préconise, sans succès, une alliance anti-ottomane ; il fait appel à des experts techniques pour l'aider à moderniser son État qu'il souhaite tourner vers l'Occident.

Saint-Pétersbourg (petit port balte ravi à la Suède) remplace Moscou comme capitale. À part la Perse, où le traité de Constantinople confirme les conquêtes territoriales de Pierre le Grand dans le sud, la grande guerre du Nord contre la Suède est le principal conflit auquel ce dernier doit faire face. Le roi de Suède Charles XII est un brillant tacticien militaire, mais il meurt pendant la bataille, événement cimentant le contrôle maritime et terrestre russe sur la Baltique. Dans son pays natal, Pierre remanie le système d'imposition et crée un service civil. Craignant une conspiration, il fait exécuter son fils Alexis Petrovitch, et sa femme Catherine, première souveraine de Russie, lui succède.

La machine atmosphérique de Newcomen

Malgré l'invention par les Grecs anciens de divers appareils à vapeur, ces derniers sont principalement conçus à des fins d'exposition. En 1662, les travaux de Robert Boyle sur les corrélations entre pression, volume et température des gaz jettent les bases de la première application industrielle pratique, développée vers 1710. La machine de Thomas Newcomen est destinée à extraire l'eau des mines par pompage, réduisant le risque de rejet de méthane toxique et explosif issu du charbon humide.

Les premiers systèmes utilisent directement la condensation de vapeur pour agiter l'eau. Les expériences pratiques de Newcomen le conduisent à concevoir un balancier à l'intérieur duquel un poids est soulevé sur un pivot par une pression de l'air vers le bas du côté opposé, alors qu'une chambre renfermant de la vapeur est refroidie. Les modèles suivants sont suffisamment robustes et fiables pour pouvoir fonctionner sans beaucoup d'entretien. La société qui emploie Newcomen vend des centaines de pompes dans toute l'Europe au cours des cinquante années suivantes. L'extraction minière en profondeur du charbon, plus sûre et menée à grande échelle, contribue à alimenter la production d'acier et permet une plus grande utilisation des machines à vapeur durant le siècle à venir.

Un schéma de la machine de Newcomen décrit la chambre de la chaudière et le piston à vapeur à droite, et la partie supérieure du mécanisme de pompage à gauche.

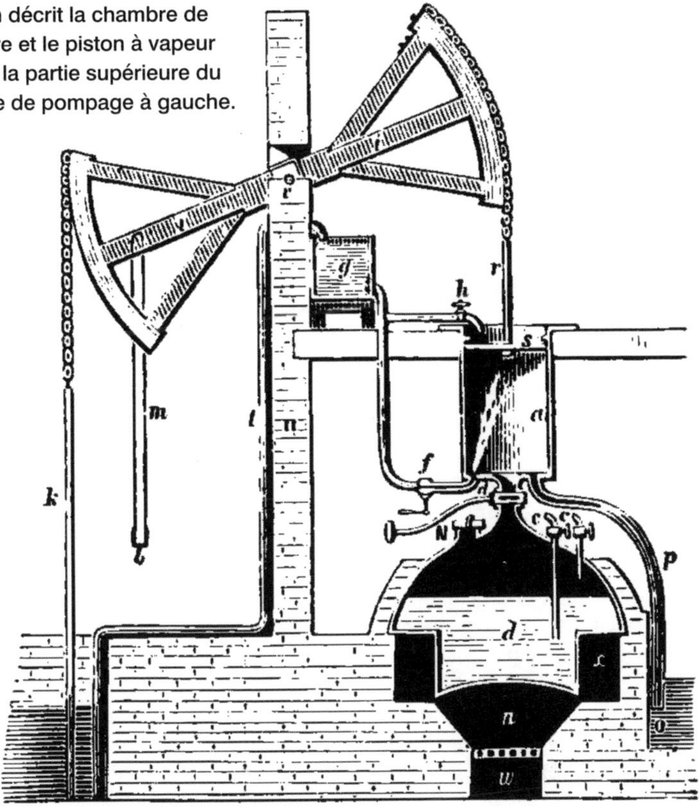

L'Empire ashanti

Le territoire représentant le Ghana actuel est habité depuis la Préhistoire, mais son principal groupe ethnique, les Akan, semble s'y être installé vers le dernier millénaire. De nombreux royaumes locaux se sont déjà lancés dans le commerce avec les navigateurs portugais arrivés au XVe siècle. Le pays abonde en minerais, d'où son surnom de « Côte-de-l'Or », et toutes les puissances européennes sont en quête d'appuis locaux, notamment lors de l'avènement du commerce triangulaire. Les Africains résidant sur la côte sont bien rémunérés en contrepartie de la fourniture d'esclaves originaires de l'intérieur du pays.

Le royaume ashanti devient la puissance dominante au XVIIe siècle, sous le règne d'Osei Tutu, qui instaure le Trône d'or comme symbole de pouvoir et entreprend la consolidation du pays. Les Ashanti développent une armée affûtée, entraînée avec des armes à feu, et font preuve d'habileté pour s'opposer aux armées occidentales. La Grande-Bretagne lorgne avidement sur leurs richesses et, après plusieurs guerres, finit par contraindre les Ashanti à accepter son protectorat en 1902. L'indépendance du Ghana en 1952 annonce de nouvelles relations entre les nations africaines et les anciens colonisateurs, désignées par l'expression « les vents du changement ». De nos jours, le pays est une démocratie constitutionnelle prospère.

La bulle spéculative de la Compagnie des mers du Sud

Le premier cycle d'inflations suivies par des krachs boursiers pour lequel il existe des données fiables permet d'établir une comparaison entre la réalité et les représentations populaires. Fondée en 1711 sur le modèle de la Société des Indes orientales, la Compagnie des mers du Sud britannique vise un monopole sur les échanges commerciaux avec l'Amérique latine, la capitulation de l'Espagne semblant inévitable dans l'hypothèse d'une guerre. Avec l'essor d'un réseau d'information par le biais des maisons de café, des petits investisseurs achètent en toute confiance des actions : soixante-quinze pour cent de l'électorat possèdent des actions en 1720 et douze pour cent des actionnaires sont des femmes. Les lois visant à contrôler des entreprises plus hasardeuses renforcent la confiance à l'égard de la Compagnie. Au cours des neuf premières années, les dividendes sont décuplés, puis le prix maximal diminue de moitié suite à des rumeurs de difficultés en août 1720. Les retardataires perdent des fortunes : en décembre, le prix de l'action atteint à peine vingt pour cent du niveau de juin, mais remonte légèrement en janvier. La plupart des actionnaires ont alors réduit leurs pertes, parmi lesquels des écrivains qui amplifient la résonance de cet épisode éprouvant. Cet archétype de bulle financière a conduit à la modification de la loi britannique et a influencé l'étude de l'économie.

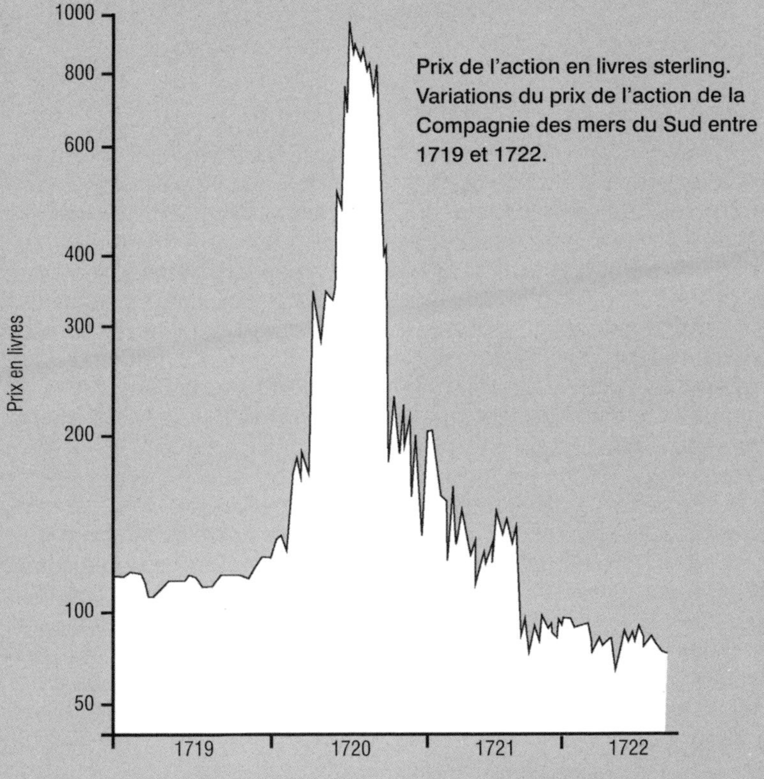
Prix de l'action en livres sterling.
Variations du prix de l'action de la Compagnie des mers du Sud entre 1719 et 1722.
Prix en livres
1000
800
600
400
300
200
100
50
1719
1720
1721
1722

Nadir Shah

Né dans une famille de paysans en 1688, Nadir est vendu alors qu'il est enfant et asservi par les Ouzbeks. En tant que mercenaire, il rejoint une armée afghane pour les combattre jusqu'à ce que celle-ci arrête de payer. Il rallie l'Empire safavide, conquis et humilié par les Afghans, dans le but de lutter contre ces derniers. Tamasp II devient shah de Perse, mais Nadir exerce le véritable pouvoir : il poursuit les anciens envahisseurs jusqu'à Kaboul, puis jusqu'en Inde, battant les forces mogholes et s'emparant de Dehli ; la prise du Trône du Paon devient un symbole du pouvoir perse jusqu'aux ayatollahs. En 1732, il dépose Tamasp, devient shah en 1736 et réintègre la Perse dans le giron de l'islam sunnite.

Il donne l'assaut aux Ottomans et à la Russie, constitue une marine, s'empare d'Oman et de Bahreïn et a recours à son armée pour faire respecter le paiement des impôts. Sa paranoïa s'intensifie, d'autant plus après plusieurs attentats à sa vie, et il est décapité en 1747 par l'un de ses propres généraux. L'empire se scinde en factions et sombre dans le chaos. L'Afghanistan devient une nation tandis que les Européens, avertis de la vulnérabilité des Moghols, tirent parti des efforts entrepris par les Marathes et les Sikhs pour s'arroger le pouvoir laissé vacant.

Le traité de Constantinople

L'un des projets de Pierre le Grand vise à contrôler la mer Noire et la mer Caspienne, et ce dans le but d'empêcher l'Empire ottoman de couper l'accès à la Méditerranée. La dynastie perse majoritaire est faible et Nadir Shah s'empare du pouvoir après la guerre civile. Quant à la guerre russo-perse (1722-1723), elle se termine par la victoire russe. L'année suivante, les Ottomans acceptent le traité de Constantinople, confirmant les acquisitions de la Russie.

En termes pratiques, les conséquences sont minimes : le traité de Rescht de 1732 accorde de nombreux territoires à la Perse, avec l'appui des Russes qui font office de tampon contre les Ottomans. Même si cette incursion représente les premiers pas de la Russie au Moyen-Orient, celle-ci ne lancera aucune autre attaque d'envergure à l'encontre de la Perse jusqu'à la fin du siècle. La Grande-Bretagne prend le contrôle de l'Inde après 1763, et la région s'empêtre dans le « grand jeu » de la géopolitique britanno-russe. La montée en puissance de Napoléon complique la situation : la Grande-Bretagne, qui est favorable au rôle de la Perse comme tampon entre l'Inde et la Russie, ne peut pas soutenir directement les rivaux de cette dernière et rallier en même temps l'alliance antifrançaise.

Une carte des pays entourant la mer Noire met en évidence l'importance cruciale de régions comme la Crimée et la région d'Istanbul, ville contrôlée par les Ottomans, qui empêchent les Russes d'accéder à la mer.

L'acier

Alliage constitué de fer et de carbone, l'acier existe depuis des millénaires avant le développement par les armuriers praguois d'un moyen de production plus efficace qui consiste à ajouter lentement le carbone. Sir Basil Broke introduit ce procédé en Angleterre vers 1620 et l'adapte. La ferronnerie à grande échelle est l'une des principales avancées de la révolution industrielle britannique à la fin du XVIIIe siècle. Le charbon de bois est le matériau traditionnel utilisé pour éliminer les impuretés du minerai de fer et l'enrichir en carbone. Toutefois, lorsque l'extraction minière connaît un renouveau économique grâce à Newcomen, le coke, charbon raffiné, devient disponible ; sa qualité peut être évaluée et calibrée minutieusement. Il s'avère alors possible de travailler avec des minerais pauvres et de construire des ponts entiers, des lignes de chemin de fer et même des navires. La qualité supérieure du minerai suédois et le développement de grands creusets dans les années 1740 favorisent la compétitivité de l'industrie sidérurgique. Grâce aux progrès en chimie, l'oxygène pur est identifié comme moyen d'expulser le carbone et le silicium excédentaires du fer en fusion. En 1885, Sir Henry Bessemer met au point une forge semblable à un berceau gigantesque, qui envoie par en dessous des jets d'air à travers le métal en fusion.

Les convertisseurs de Bessemer, comme ceux présentés ici, forcent l'air (plus tard l'oxygène pur) à travers le fer en fusion par en dessous, enflammant et brûlant les impuretés pour produire un métal ayant la teneur de l'acier.

La guerre de Sept Ans

Le conflit qui s'étend entre 1756 et 1763 peut être considéré comme étant la Première Guerre mondiale ; il se déroule tant dans les colonies qu'entre les combattants européens officiels. Au cours de la guerre de Succession d'Autriche (1740-1748), Marie-Thérèse de Habsbourg fait valoir ses prétentions au trône d'Autriche, mais l'État germanique de Prusse, qui connaît un véritable essor sous le règne de Frédéric le Grand, s'empare de la riche province de Silésie. Il s'ensuit un remaniement diplomatique en Autriche, en Russie et en France. Cette dernière est alors en guerre avec la Prusse, elle-même financée par la Grande-Bretagne. Les Français, qui avaient noué de solides relations avec les Amérindiens, s'allient avec ces derniers en Amérique du Nord. Un jeune général, George Washington, parfait sa tactique de guérilla à leur encontre, et les colons britanniques conquièrent la majorité des territoires français autres que ceux accordés à l'Espagne. Les mêmes événements se déroulent en Inde, pays où la France perd ses colonies. Retour en Europe : la Prusse est au bord de l'effondrement lorsque surviennent le retrait des troupes russes par Pierre III, nouveau tsar d'origine allemande, et la conclusion d'un traité de paix qui ne modifie en rien les frontières européennes.

Catherine la Grande

Tsarine de Russie de 1762 à 1796, Catherine II est une véritable conquérante, souveraine et érudite. Née en 1729, issue d'une dynastie allemande, elle épouse Pierre III, successeur d'Élisabeth Ire ; cette dernière, fille de Pierre le Grand, forte d'une immense popularité, qui a failli vaincre la Prusse au cours de la guerre de Sept Ans, poursuit ses réformes. Pierre III, également allemand, préfère faire la paix et est assassiné peu de temps après. Par la suite, Catherine prend des mesures fermes. Elle reprend à son compte la revendication de son mari relative aux terres appartenant à l'Église orthodoxe russe ; en outre, elle parvient à démêler l'invraisemblable imbroglio du système juridique russe. En guerre contre les Ottomans, elle s'empare de la Crimée, des ports de la mer Noire et de l'Ukraine. Lors des différentes partitions de la Pologne, elle annexe une autre partie considérable du territoire au bénéfice de la Russie.

Elle s'inocule un nouveau vaccin contre la variole dans le but d'en promouvoir l'efficacité. Elle correspond avec Voltaire et n'a de cesse d'écrire : des satires, des contes de fées, des mémoires et, au seuil de la mort, une histoire de la Russie. À sa cour, elle porte au pinacle la culture et les idéaux du Siècle des lumières français.

Le tremblement de terre de Lisbonne

Le 1er novembre 1755, la ville portugaise de Lisbonne est ravagée à la fois par un tremblement de terre, un tsunami et un incendie. C'est la première fois qu'un gouvernement organise le type d'opérations de sauvetage attendues dans le cadre d'une catastrophe moderne, qui tranche avec les réactions publiques spontanées et les actions en justice intentées par les compagnies d'assurance lors du grand incendie de Londres de 1666. Le marquis de Pombal qui est, dans la pratique, à la tête du gouvernement fait appel à l'armée pour circonvenir les émeutes. On assiste à des luttes contre l'incendie, à des inhumations collectives en mer pour éviter la propagation de la peste ainsi qu'à de minutieuses enquêtes et analyses scientifiques par la suite. Les répercussions sur l'Europe du Siècle des lumières sont considérables. Les pertes en vies humaines donnent lieu à une introspection. Voltaire rédige *Candide*, où il remet en cause la croyance selon laquelle ce monde est le meilleur des mondes possibles. Kant interrompt sa quête philosophique pour étudier la géologie. Au cours de la reconstruction de Lisbonne, des bâtiments antisismiques sortent de terre, mais les coûts et les pertes sonnent le glas de l'expansion de l'Empire portugais.

La maison des Saoud

En 1744, Mohammed Ibn Saoud scelle une alliance avec le chef sunnite orthodoxe Mohammed ibn Abdelwahhab pour fonder une théocratie indépendante sur un territoire correspondant à l'Arabie saoudite actuelle. Ce pacte conclu entre la famille d'Abdelwahhab et celle des Saoud se poursuit de nos jours, la première s'occupant de la politique, la seconde de la religion. En théorie, le pays fait partie de l'Empire ottoman, exsangue suite à d'épuisantes guerres avec la Russie. Les Turcs ne reprennent le territoire qu'en 1818, mais cet événement n'empêche pas les Saoud de fonder rapidement un autre État. En 1891, ces derniers sont contraints à s'exiler par les Al Rachid, clan pro-ottoman, d'où de nombreux affrontements. Les Britanniques, notamment Lawrence d'Arabie qui vise à déstabiliser l'Empire ottoman pendant la Première Guerre mondiale, aident les Saoud à vaincre leurs rivaux. Le roi Abdelaziz unifie l'Arabie saoudite et proclame officiellement le Royaume d'Arabie saoudite en 1932. D'importantes réserves de pétrole ayant été découvertes en Iran et au Bahreïn, il négocie les droits afférents et la Standard Oil se lance dans l'extraction en 1938. Ses richesses pétrolières, auxquelles s'ajoute son rôle de gardienne des lieux saints de La Mecque (ci-contre) et de Médine, ont contribué à transformer cette famille en pivot du monde arabe.

Le Siècle des lumières

Mouvement lancé en Europe, le Siècle des lumières trouve ses origines à Paris, Édimbourg et Weimar avant de se propager à Londres et à la Nouvelle-Angleterre. À de nombreux égards, il complète l'humanisme de la Renaissance qui amena, tout en la combattant, la Réforme luthérienne. Il privilégie deux pôles : d'une part la prééminence de la raison sur la superstition, d'autre part l'exaltation et l'humilité par rapport au Sublime, incarné par la beauté, la nature et différents absolus. Chacun d'eux s'oriente différemment, le premier vers le réductionnisme, le second vers le romantisme, idéal artistique platonicien et antimatérialiste. L'élaboration de systèmes est une caractéristique déterminante : l'*Encyclopédie* de Diderot, synthèse de toutes les connaissances en vingt-huit volumes, en est une première manifestation. Parmi les autres ouvrages-clés, citons *Du Contrat social* de Rousseau et la *Déclaration d'indépendance des États-Unis*. Adam Smith, puis Karl Marx et Sigmund Freud tentent d'appliquer les lois scientifiques aux affaires humaines. Même si la Terreur, les purges staliniennes et l'Holocauste se prévalent d'idées du Siècle des lumières, c'est dans les droits civiques, l'abolitionnisme et le suffrage universel que ces dernières trouvent toute leur raison d'être.

Le frontispice de l'*Encyclopédie* dévoile une allégorie des innombrables richesses déversées par la Vérité, notamment les connaissances scientifiques.

Les usines

Pendant des siècles, le tissage est littéralement une industrie artisanale, fournissant un revenu supplémentaire aux fermiers et aux personnes âgées. Le recours à la division du processus en petites tâches répétitives susceptibles d'être effectuées par une personne tout au long de la journée permet à Richard Arkwright et à d'autres de développer l'idée d'usines conçues à cet effet dans la Grande-Bretagne du XVIIIe siècle. Arkwright accorde un salaire hebdomadaire et impose des horaires stricts à ses ouvriers. Ses usines, établies sur les rivières dans le nord de l'Angleterre, fonctionnent grâce à des roues hydrauliques qui actionnent les machines et permettent de fabriquer des tissus à grande échelle. Toutefois, grâce à la vapeur, les métiers à tisser mécaniques et d'autres formes de production de masse peuvent être installés partout où existe une main-d'œuvre non qualifiée. De fait, les tisseurs expérimentés s'élèvent contre les machines qui détruisent leurs moyens de subsistance. Les nouveaux procédés demeurent un secret de fabrication britannique jusqu'au départ pour l'Amérique de Samuel Slater en 1789. Ce dernier crée les premières usines textiles à Rhode Island. Le développement industriel favorise le nord. Quant au sud, il construit son économie autour du coton, dont la récolte nécessite une importante main-d'œuvre constituée d'esclaves.

La Déclaration d'indépendance

La colère des colonies en raison des taxes qui les frappent et les inquiétudes en matière de représentation constituent la pierre angulaire de la Boston Tea Party de 1773. Les répercussions de cette révolte conduisent rapidement aux batailles de Lexington et de Concord. Boston est assiégée et la guerre éclate pour de bon. Après une année d'affrontements, le Congrès continental, instance dirigeante des colonies britanniques d'Amérique du Nord, décide que l'indépendance est la seule réponse possible. Treize territoires font sécession et l'officialisent dans un document signé le 2 juillet 1776. La première version, élaborée par Thomas Jefferson, est modifiée par un comité. Le livre à succès de l'activiste anglais Thomas Paine, *Le Sens commun*, est un plaidoyer pour l'indépendance, accueilli avec enthousiasme par les peuples des deux nations ; il suggère même l'idée d'un congrès permanent. *Les Articles de la Confédération* font office de constitution temporaire et sont conçus pour régler les problèmes existants. Le pouvoir symbolique du document, qui vise à dénoncer le gouvernement du pays par un pouvoir lointain et fait valoir de façon explicite le droit de création d'un État-nation, est incommensurable : il a servi de modèle à des dizaines d'autres pays.

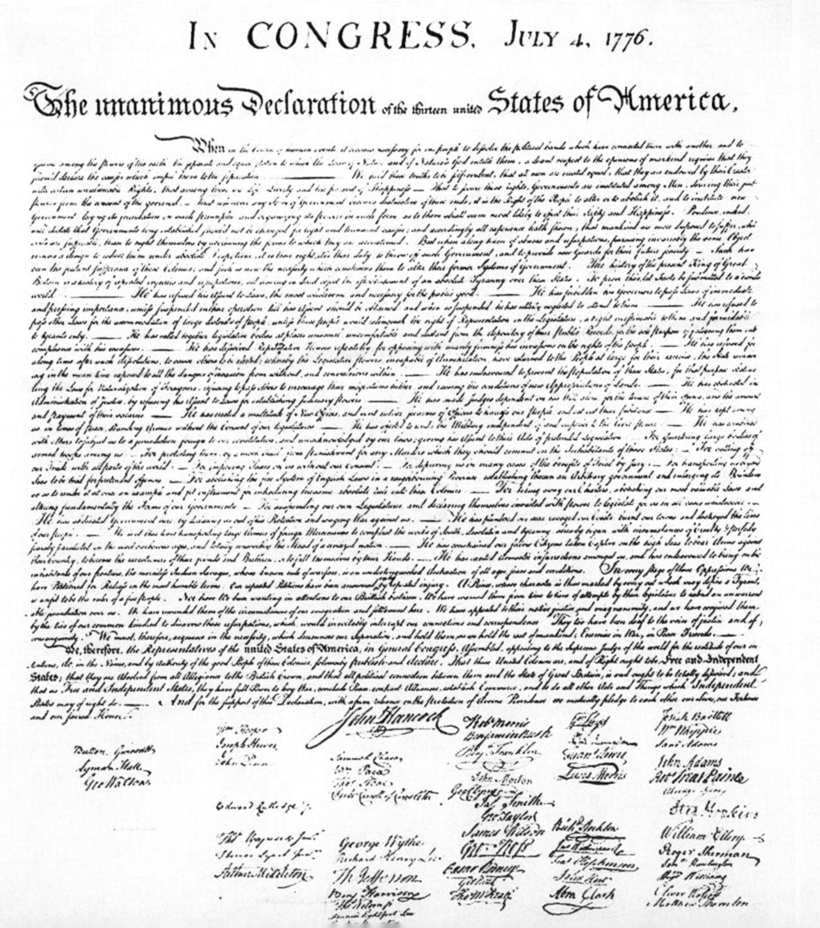
IN CONGRESS, JULY 4, 1776.

The unanimous Declaration of the thirteen united States of America,

John Hancock

La révolution agricole

En 1750, les terres agricoles britanniques disponibles s'agrandissent, en partie grâce à la technologie hollandaise du drainage. Après trois siècles d'enclosure, les terres arables sont concentrées entre les mains de quelques-uns. Les fermiers s'abonnent à des journaux qui donnent un large écho à des concepts comme l'élevage sélectif, la rotation des cultures, la plantation de trèfle, de légumes ou de racines comestibles pour restituer l'azote du sol. Les pommes de terre deviennent une denrée de base, les navets constituent une culture de rapport et les produits ensilés pour l'hiver sont stockés dans de vastes fermes. Entre 1710 et 1795, le poids moyen du bétail double. Alors qu'on assiste à une pénurie de main-d'œuvre agricole, la révolution industrielle absorbe des ouvriers non qualifiés. L'industrialisation nourrit en retour l'agriculture grâce à de nouvelles machines et des charrues en acier. En 1850, la population britannique compte 16,6 millions d'habitants et vingt-deux pour cent d'entre eux travaillent la terre, soit un taux exceptionnellement bas. Tandis que la Grande-Bretagne devient une puissance économique et militaire dominante, d'autres nations appliquent ces techniques, avec des résultats à court terme généralement bénéfiques (se reporter aux pages consacrées au *Dust Bowl* et à Staline).

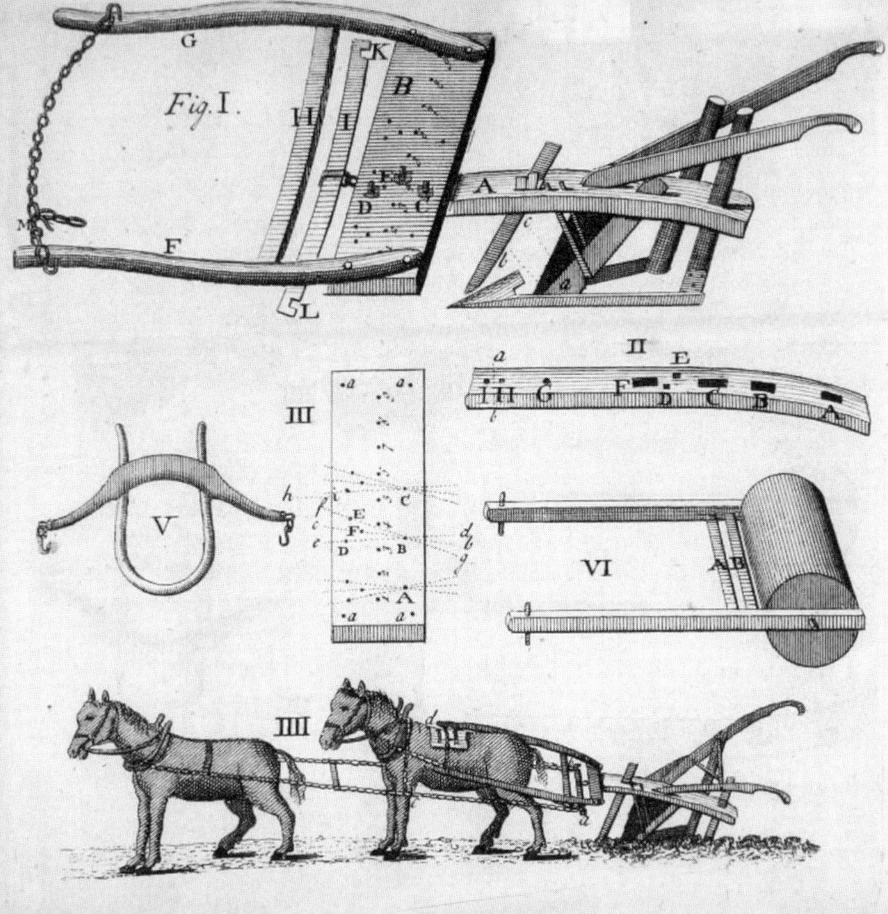

Fig. I.
G
F
H
I
K
L
B
E
D
C
A
M
II
III
V
VI
IIII

Cook et l'Australie

L'Australie est habitée depuis plus de quarante mille ans et, au XVIIIe siècle, la population aborigène compte 1 million de personnes, des centaines de langues, des croyances religieuses complexes et une tradition picturale qui subsiste encore de nos jours. En 1605, Willem Jansz, gouverneur des Indes orientales néerlandaises, accoste sur la côte occidentale de l'Australie sans se rendre compte qu'il vient de découvrir un continent.

James Cook, capitaine britannique (1728-1729), organise trois voyages vers le Pacifique, zone encore non explorée. Ses expéditions lui permettent de réunir d'abondantes données. Lors d'une escale à Tahiti, il fait connaître l'arbre à pain au ministère de la Marine, initiative à l'origine du célèbre voyage du *Bounty*. Il découvre que les agrumes neutralisent les effets du scorbut, assurant la viabilité de traversées plus longues. En 1770, il débarque sur la Terre australe, qui n'existait jusqu'alors qu'en théorie, cartographie la côte et surnomme ce lieu « Botany Bay ». Environ dix-huit ans plus tard, ayant perdu la Virginie qui lui servait de bagne, la Grande-Bretagne établit la colonie pénitentiaire de Sidney quasiment sur le même site. La population indigène subit de mauvais traitements dans des conditions épouvantables.

Carte de l'hémisphère Sud.

A CHART OF THE SOUTHERN HEMISPHERE;

shewing the Tracks of some of the most distinguished Navigators:

By Captain JAMES COOK, of his MAJESTY's Navy.

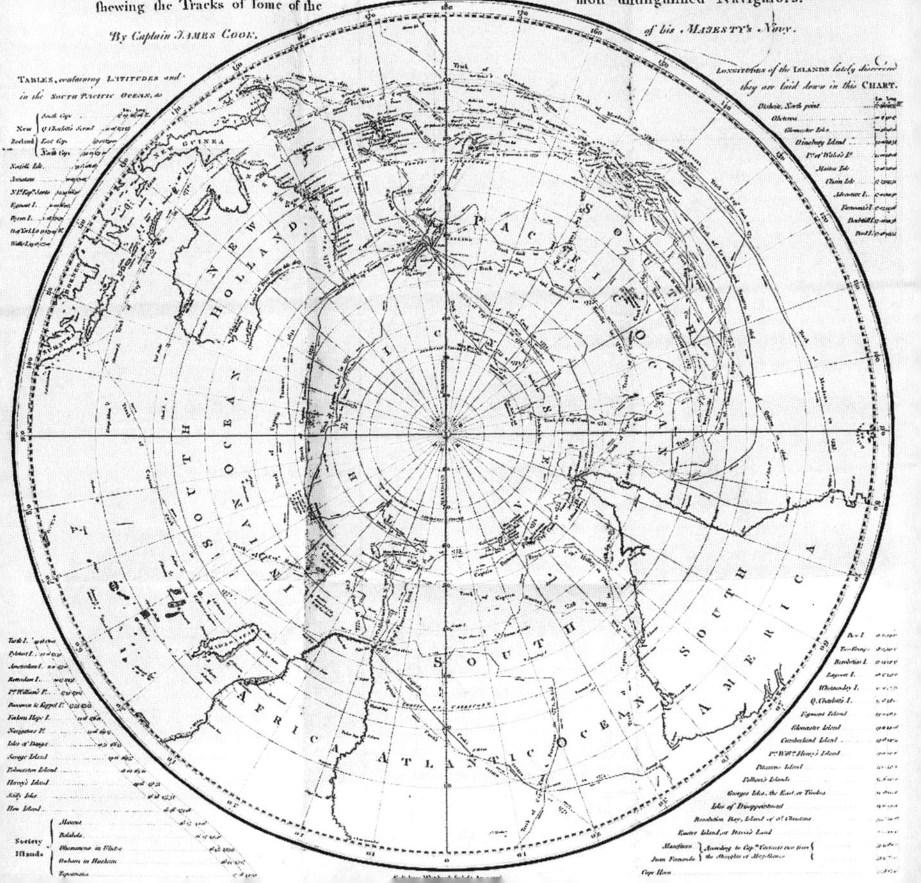

Tipu Sultan

Haidar Ali, commandant en chef des armées du Mysore dans le sud de l'Inde et ultérieurement sultan de cette ville, éduque son fils aîné pour qu'il devienne soit érudit, soit soldat. En 1767, ce dernier, alors âgé de 16 ans et à la tête de sa première armée, capture la famille régnante de Malabar. L'alliance d'Haidar Ali avec les Français éveille la méfiance des Britanniques à son égard, mais lorsque celui-ci les vainc à Madras, il leur arrache un traité. En 1771, la Compagnie des Indes orientales tarde à honorer son obligation de l'aider lorsque le Mysore est attaqué par les Marathes. Ayant identifié la Compagnie comme son principal ennemi, Haidar lance une deuxième guerre (1780-1784), mais meurt en 1782. Son héritier, Tipu, est le premier à utiliser les fusées comme armes ; il recourt à la force pour sortir le pays de l'impasse, ce qui conduit au traité de Mangalore. Toutefois, la troisième guerre (1789-1792), au cours de laquelle il doit faire face à la défection des alliés étrangers en raison de la Révolution française, aboutit à la prise en otage de ses fils ; quant à la Compagnie, elle gagne encore plus de terrain qu'elle n'en avait perdu par le passé. La quatrième et dernière guerre s'essouffle alors que les Mamelouks mettent en échec Napoléon en Égypte. Lors de la bataille de Seringapatam en mai 1799, Tipu refuse de fuir, fait face à l'adversaire et combat jusqu'à la mort.

Caricature de James Gilray, artiste britannique, présentant une satire du retrait en 1791 des Britanniques du fort de Seringapatam aux mains de Tipu.

La Thaïlande

Le royaume d'Ayutthaya, fondé au XIVe siècle, adopte une attitude isolationniste par rapport à l'Europe au XVIIe siècle. Toutefois, il est l'acteur de nombreux conflits régionaux. La Birmanie s'empare de sa capitale, qu'elle détruit en 1767. Le roi Taksin rétablit le royaume de Siam, mais est renversé en 1782. Le général d'armée Thong Duang fonde la dynastie Chakri, toujours existante aujourd'hui, ainsi qu'une nouvelle capitale, Bangkok ; il règne sous le nom de Rama Ier. Tout au long du XIXe siècle, les puissances européennes accroissent leur pouvoir sur la péninsule d'Asie du Sud-Est. Les Chakri adoptent avec prudence les coutumes occidentales lorsque les circonstances l'imposent, courtisant aussi bien Napoléon que Victoria. Rama V (1853-1910) devient célèbre pour les réformes qu'il entreprend, notamment l'organisation des chemins de fer et l'abolition de l'esclavage, ainsi que pour un mémoire rédigé par sa gouvernante anglaise. La grande dépression provoque des troubles qui contraignent la monarchie à céder le pouvoir. Les militaires prennent le contrôle du pays qu'ils rebaptisent Thaïlande. Celle-ci reste neutre pendant la Seconde Guerre mondiale jusqu'à l'invasion japonaise. Elle réussit à éviter en grande partie les guerres d'Indochine, même si les dictateurs militaires se succèdent.

Carte
des Royaumes de
Siam
de Tunquin
Pegu, Ava Aracan. &c
Echelle de Lieues Communes
25
50
75
La Chine
Golphe de Tunquin
I. d'Hainan
Royaume d'Aracan
Royaume d'Ava
Royaume de Pegu
Royaume de Siam
Royaume de Laos
Royaume de Tunquin
Royaume de Camboie
Cochinchine
Golphe de Siam
Siam
Louvo
Pegu
Aracan
Chatigan
Lan-chang
Cacho
Pitsanoloue ou Porseloue
Camboia
I. Negraille
Cap Nigraes
I. du Diamant
I. des Cocos
Narcodam
Grande Andamaon
Petites Isles Andamaon
Isles Rases
Archipel de Mergui
Tenasserim
Mergui
Pointe Tavaye
Isle de Junk Seilon
Ligor
Singor
Patane
Cap Patane
I. Losin
I. Ubi
Isle Condor
I. de Gablos
Cap de Sable
Pointe Paderon
Baye Comorin
Quinhin
Cambir de Mer
Baye de Touran
I. Canton
Partie de l'Isle de Sumatra
Longitude du Meridien de Paris
Latitude Septentrionale

Les guerres marathes

Avec la diminution du pouvoir moghol, la caste hindoue des guerriers marathes prend le pouvoir dans l'ouest de l'Inde après 1764. En l'espace d'un siècle, elle contrôle la majeure partie du sous-continent et possède une marine redoutable. Suite à la défaite des armées portugaises en 1739, les marchands britanniques, qui s'attendent à être attaqués, fortifient Bombay (Mumbai). La Compagnie britannique des Indes orientales impose la culture du coton au détriment des cultures vivrières au Bengale ; cette décision aggrave la famine vers 1770, entraînant entre deux et dix millions de morts. En 1767, son armée se bat aux côtés des Marathes contre le Mysore ; en 1755, elle intervient dans une crise de succession, amoindrissant les forces armées britanniques disponibles pour combattre en Amérique. D'autres puissances luttent contre les Marathes. Tipu Sultan s'oppose à eux et s'allie avec les Français. La deuxième guerre anglo-marathe (1803-1805) se termine par une victoire du futur duc de Wellington et laisse les terres marathes épuisées. Une troisième et dernière guerre (1817-1818) conduit la Compagnie à diriger *de facto* l'Inde et à adapter la bureaucratie moghole. Suite à une révolte en 1857, déclenchée par une gestion maladroite des troupes hindoues et musulmanes, le gouvernement britannique prend officiellement le contrôle.

Les guerres amérindiennes du Nord-Ouest

Après la guerre de Sept Ans, la Grande-Bretagne tente d'apaiser les tribus amérindiennes en interdisant l'implantation de colonies à l'ouest des Appalaches. Les colons désapprouvent, mais le traité de Paris de 1783, qui met fin à la guerre d'Indépendance américaine, ignore ce problème. Des tribus s'unissent pour négocier avec le nouveau gouvernement et la Confédération occidentale amérindienne revendique la rivière Ohio comme ligne de démarcation. Les États-Unis partent à nouveau en guerre en 1785, sans progresser pendant plusieurs années. Little Turtle, stratège militaire de génie, triomphe des troupes américaines lors de plusieurs batailles, et la Grande-Bretagne fournit sans sourciller des fusils à la Confédération. Toutefois, l'armée américaine finit par remporter une victoire décisive lors de la bataille de Fallen Timbers en 1794. Le traité de Greenville établit une frontière et fixe des annuités versées par les instances gouvernementales l'année suivante, mais les colons ne respectent pas l'accord et continuent leur progression à l'ouest. Ce processus détermine toutes les interactions ultérieures : les alliances tribales, les guerres et les traités dénués de sens qui privent peu à peu les indigènes de leur terre natale, comme on peut le voir dans le cas de la Piste des larmes.

La Révolution française

En 1788, alors que la France est au bord de la faillite, le roi Louis XVI convoque les États généraux dans le but de lever de nouveaux impôts. Le Tiers État, composé de roturiers, connaît un essor considérable depuis la dernière assemblée tenue en 1614, mais il estime que ses pouvoirs sont encore trop limités. Lorsqu'il se reforme comme assemblée constituante, Louis XVI est contraint d'élaborer un projet de constitution jugé peu satisfaisant par la plupart des Parisiens, alors en butte à une inflation écrasante et à des rumeurs de loi martiale. En juin 1789, la foule libère les soldats mutinés. Louis XVI mobilise l'armée, mais le 14 juillet, la Bastille, prison symbolique, est prise d'assaut : le vent a tourné. L'Assemblée élabore une constitution fondée sur la Déclaration d'indépendance des États-Unis et la pensée du Siècle des lumières. Raison et liberté sont les guides de la nouvelle France ; le calendrier est décimalisé et les biens du clergé sont nationalisés pour désamorcer la crise financière. Toutefois, Louis XVI sollicite l'aide de sa belle-famille, les Habsbourg d'Autriche. Devant l'imminence de l'invasion, la constitution rationnelle est suspendue et l'état d'urgence est instauré : le règne des foules est remplacé par la terreur d'État.

1830

La chimie

Suite à la mise en lumière par l'invention du microscope au XVIIe siècle des limites de l'observation du quotidien, les philosophes naturalistes cherchent à affiner la matière en éléments irréductibles. Les premiers savants sont probablement autant poètes qu'apothicaires et le mouvement romantique illustre l'ambivalence du Siècle des lumières par rapport à ces divisions. Joseph Priestley, connu pour ses travaux en chimie, subit la vindicte des émeutiers anglais. Antoine Lavoisier, pionnier français de la discipline, qui s'est inspiré des découvertes de son confrère britannique, isole puis baptise l'hydrogène et l'oxygène ; il est décapité pendant la Terreur. À compter du milieu du XVIIIe siècle, les chercheurs empiristes s'emploient à examiner le monde matériel en dehors de toute hypothèse ou idée reçue. De ce fait, ils sont associés, généralement à bon escient, au radicalisme politique, mais aussi étroitement liés aux entreprises industrielles. Dans le sillage de la révolution agricole, on étudie le rôle de la chimie dans le développement des plantes et des animaux. Cet état de fait, lié aux prouesses de la métallurgie, renforce et complexifie les liens entre les chercheurs indépendants et la vie professionnelle de millions de personnes.

Vers 1909, le procédé Haber-Bosch permettant de fixer l'azote révolutionne les engrais : un tiers des aliments existant dans le monde est dorénavant associé à cette révolution et, dans le monde développé, la moitié de l'azote présent dans le corps humain provient de la fabrication industrielle d'ammoniac. Toutefois, les travaux de Fritz Haber donnent naissance aux armes et aux pesticides chimiques utilisés pendant l'Holocauste. Des teintures anilines aux couleurs vives, fers de lance de la mode des années 1890, sont élaborées à partir de méthyles aromatiques ; les mêmes études conduisent à la fabrication des matières plastiques, les hydrocarbures complexes issus du pétrole deviennent la principale source mondiale de carburant. Les explosifs, utilisés pour construire des routes, sont aussi des armes puissantes. Alfred Nobel, inventeur de la dynamite, rongé par la culpabilité, crée les prix de littérature, de médecine, de paix, de chimie et de physique. Les usines emploient des milliers d'ouvriers non qualifiés, notamment plus de femmes que d'ordinaire, pour fabriquer des objets du quotidien dans des conditions qui mettent leur vie en danger ; les défigurations dues à l'exposition au phosphore dans les usines d'allumettes et au mercure dans les fabriques de chapeaux sont courantes. Le XXe siècle accélère l'utilisation des recherches industrielles pour développer des médicaments. L'anesthésie et les antibiotiques sauvent des millions de vies ; parallèlement, l'augmentation de la longévité dans le monde développé et la maîtrise de la fécondité ont modifié les perspectives et les pratiques qui semblaient figées depuis des temps immémoriaux.

La Terreur

Dès le début, la Révolution française est la source de violences extrêmes mais, avec l'exécution de Louis XVI en 1793, les choses s'accélèrent. La Grande-Bretagne, l'Espagne et les Pays-Bas rejoignent les troupes autrichiennes en pleine offensive ; quant à la France, elle lutte pour sa survie. Deux factions, les Jacobins et les Girondins, moins radicaux, cherchent à prendre le pouvoir. À l'été, le Comité de salut public créé par le jacobin Maximilien de Robespierre devient l'organe du gouvernement français. L'exécution de figures marquantes des deux partis s'ensuivent et les Parisiens n'épargnent pas leurs efforts pour témoigner de leur loyauté envers la Révolution. Des milliers de personnes périssent par la guillotine, supplice efficace, rationnel et démocratique. Le mécontentement grandit avec le meurtre de Jean-Paul Marat. Robespierre lui-même est guillotiné en juillet 1794 et le Comité national au pouvoir ne tarde pas à être remplacé par le Directoire. Entre-temps, les hostilités font rage : la France mène sa propre guerre et envahit la Hollande. Un Corse, Napoléon Bonaparte, acquiert sa renommée après avoir repris la base navale de Toulon aux Anglais en 1793. En qualité de commandant en chef des armées, il s'empare après 1796 des possessions italiennes détenues par l'Autriche.

Napoléon en Égypte

Après la conquête de l'Italie, Napoléon Bonaparte est le général le plus populaire de France. Jeune, charismatique et ambitieux, il incarne les idéaux du Siècle des lumières. Sa décision d'envahir l'Égypte est prise autant à des fins d'investigation que de conquête militaire : il cherche à destituer les beys et à fonder une académie culturelle et scientifique, l'Institut d'Égypte. Des considérations stratégiques, comme sa décision de bloquer la route des Indes à la Grande-Bretagne, justifient une expédition mais, à Paris, le Directoire souhaite l'envoyer ailleurs. Après avoir vaincu les Mamelouks lors de la bataille des Pyramides, la Grande-Bretagne dépêche l'amiral Nelson en Méditerranée pour paralyser les routes de ravitaillement. Or, les armées napoléoniennes ainsi que des savants – environ cent soixante érudits et ingénieurs – sont déjà sur place, travaillant à l'élaboration d'une œuvre monumentale, *Description de l'Égypte*. Nelson détruit le vaisseau amiral français, *L'Orient*, au cours de la bataille du Nil, événement qui amène Bonaparte à modifier ses plans. Il confie à des savants et à un gouverneur militaire la tâche de diriger le pays et rentre à Paris où le mandat de son frère comme administrateur arrive à son terme. Seulement quatre ans lui sont nécessaires pour se proclamer empereur et se lancer à la conquête de l'Europe.

La rébellion irlandaise

Avec le Siècle des lumières et la Révolution française, le mécontentement des Irlandais, révoltés d'être des serfs sur leurs propres terres, devient un mouvement prêt à s'exprimer politiquement. Depuis les plantations d'Ulster, les manifestations occasionnelles sont réprimées : des châtiments exemplaires infligés par Oliver Cromwell font l'objet de plaintes plus vastes à l'encontre des propriétaires anglais absents de leurs terres. La bataille de la Boyne en 1690, par laquelle Guillaume d'Orange, nouveau roi d'Angleterre originaire des Pays-Bas, impose le protestantisme, conduit nombre de ces propriétaires à s'allier à toute personne qui s'oppose à l'Angleterre.

La Société des Irlandais unis, créée en 1791 par Wolfe Tone, espère libérer la nation grâce à une alliance des catholiques et des protestants. Cette position s'avère intenable, mais Tone ne tarde pas à entrer en contact avec les Français. Une tentative d'invasion en 1796 échoue à cause de tempêtes déchaînées. Par la suite, les Britanniques traitent les rebelles irlandais comme des ennemis, et deux troupes françaises débarquées en 1798 sont rapidement écrasées. En vertu de l'Acte d'Union de 1801, l'Irlande devient partie intégrante de la Grande-Bretagne, placée sous l'autorité centrale de cette dernière.

L'empereur Napoléon

Alors que Napoléon est en Égypte en 1799, une autre coalition frappe la France : la Russie réduit temporairement à néant les gains territoriaux des Français en Italie, mais se retire après les conflits avec l'Autriche. Dès son retour en France, Napoléon réduit les pertes et se proclame Premier consul, puis empereur en 1804. Après avoir vaincu la Prusse et l'Autriche, effaçant toutes traces du Saint-Empire romain, la France contrôle principalement l'Europe occidentale. Restent la Grande-Bretagne et la Russie. Lors de la bataille de Trafalgar en 1805, les flottes française et espagnole sont totalement détruites ; cette situation permet à la marine britannique d'instaurer un blocus continental. En représailles, Napoléon interdit tous les échanges commerciaux avec la Grande-Bretagne, décision qui économiquement porte préjudice aux deux camps. Sa tentative de placer son frère sur le trône d'Espagne est à l'origine de la guerre d'Indépendance espagnole, qui se poursuit jusqu'en 1813, même si le Portugal est dorénavant l'allié de la Grande-Bretagne. La Russie se retire du système continental en 1810. Napoléon l'envahit en 1812 et ses troupes prennent Moscou, mais les pertes françaises sont effroyables. Il lève une autre armée alors que la Prusse est en pleine révolte : les Alliés envahissent la France en 1814 et Napoléon est exilé à l'île d'Elbe.

La Révolution haïtienne

En 1697, la France et l'Espagne se partagent la possession de l'île caraïbe d'Hispaniola. Haïti, partie française, devient l'une des colonies les plus opulentes des Amériques : elle exporte du café, du sucre et du coton. Pendant la Révolution française, les planteurs blancs installés sur l'île, qui considèrent la liberté et la fraternité comme des idées portant atteinte à leurs intérêts, cherchent à obtenir leur indépendance. En 1791, une révolte d'esclaves éclate : Toussaint Louverture, affranchi, émerge comme un général rebelle compétent, collaborant avec les autorités françaises après l'abolition de l'esclavage. Toutefois, Napoléon envisage de restaurer ce dernier et envoie des troupes à Haïti en 1801. La guerre reprend, mais Louverture est capturé en 1802. Les pertes humaines sont innombrables ; de fait, Napoléon abandonne son rêve d'instaurer un empire en Amérique et négociera ultérieurement la vente de la Louisiane. Jean-Jacques Dessalines, l'un des lieutenants de Louverture, triomphe en 1803, massacrant le reste de la population blanche. Le président John Adams soutient Louverture, mais les États-Unis reconnaissent officiellement Haïti seulement lors de la guerre de Sécession. Par la suite, la Restauration monarchique française exigera des réparations, initiative qui réduira à néant l'économie du jeune État.

Toussaint Louverture

Les abolitionnistes

Jusqu'au Siècle des lumières, l'esclavage, activité lucrative, est soutenu par les États européens. Toutefois, en 1772, le juge Mansfield rend une décision stipulant que rien dans le droit coutumier anglais n'autorise cette pratique odieuse. Les Quakers font partie des voix anglo-saxonnes de premier plan qui en réclament l'abolition, rejoints par des affranchis et des activistes noirs, dont l'influence est également déterminante. Il faut attendre 1807 pour que le parlement proscrive le commerce des esclaves et 1833 pour qu'il interdise l'esclavage. La France l'a aboli sur son territoire au Moyen Âge et dans l'ensemble de son empire après la Révolution, même si Napoléon l'a rétabli dans les colonies d'outre-mer. L'Ibérie l'autorise encore pendant de nombreuses années et le Brésil l'impose jusqu'en 1888. De nombreux pays africains, surtout les colonies comme le Congo belge, continuent à pratiquer l'esclavage en toute légalité au XXe siècle. Il fait partie intégrante de la Constitution américaine, mais les positions abolitionnistes gagnent du terrain dans le nord du pays, composé d'états industrialisés. *La Case de l'oncle Tom*, roman polémique d'Harriet Beecher Stowe, devient le roman le plus vendu dans les années 1800 et l'émergence de divisions par rapport à la pratique de l'esclavage est l'élément déclencheur de la guerre de Sécession.

Olaudah Equiano est originaire du Nigeria. Enfant, il est réduit en esclavage, puis envoyé en Virginie. Il est finalement en mesure d'acheter sa liberté en Angleterre. Il y devient un éminent partisan de l'abolitionnisme et son autobiographie parue en 1792, *The Interesting Narrative*, exerce une influence considérable sur ses lecteurs.

La vente de la Louisiane

En théorie, l'Espagne reçoit lors de la guerre de Trente Ans le territoire de la Louisiane, soit 2,1 millions de kilomètres carrés, mais elle se limite à développer le port de la Nouvelle-Orléans, sur le Mississippi. La France exige sa restitution dans le cadre du traité d'Aranjuez de 1801, la capitulation de l'Espagne n'apaise Napoléon que peu de temps. Mais, après l'épisode haïtien, l'empereur français perd le goût des aventures américaines. La Nouvelle-Orléans est devenue indispensable aux fermiers américains pour transporter leurs récoltes. En 1803, le président Thomas Jefferson envoie une délégation à Paris pour acheter le port. Napoléon demande soixante-dix millions de francs pour l'ensemble du territoire afin de financer sa guerre contre la Grande-Bretagne. Jefferson paie, l'Espagne ergote en vain, et aucune des deux parties ne tient compte des Amérindiens. Jefferson mandate l'expédition Lewis et Clark chargée de cartographier le pays et de nouer des contacts avec des dizaines de tribus et épaulée par Sacagawea, guide et traductrice. Vingt ans plus tard, la doctrine éponyme fondée par James Monroe, représentant du Congrès américain, stipule que l'Europe ne devrait pas interférer dans la conduite des affaires des États-Unis, mais ces derniers ne sont pas suffisamment puissants et ne pourront pas appliquer cette disposition avant quelque temps.

Timbre États-Unis d'Amérique
Commémoration de 1904. Affranchissement : 10 cents.

Les gauchos

Précédant les cow-boys américains d'un siècle, les éleveurs de bétail des pampas sud-américaines ont une culture semi-nomade qui s'apparente à l'Eurasie avant Gengis Khan. Les conquistadors voyagent avec leur bétail, et en 1700 on recense des millions de bovins se promenant librement dans les pâturages et menaçant la flore indigène. Les gauchos, cavaliers itinérants expérimentés, gardent les animaux à des fins de consommation et de vente sur le marché européen. La plupart d'entre eux (mais pas tous) sont des métis, descendants d'espagnols et d'indigènes. Au cours de la guerre de libération argentine de 1816, la plupart des cavaliers des deux camps sont des gauchos, recrutés en grand nombre par Simón Bolívar. Le déclin de leur population va de pair avec l'essor de leur mystique : *Martín Fierro* est une épopée nationale argentine, qui décrit un révolutionnaire à l'indépendance d'esprit exemplaire pour lequel combattre l'autorité espagnole et nourrir un vif ressentiment à l'égard des étrangers constituent les aspects d'une vie solitaire. Malgré l'essor de l'industrialisation de la production bovine au XXe siècle, une grande partie des terres présente encore un faible rendement, situation propice à des pâturages nomades et à une forme d'agriculture dans l'ensemble inchangée.

Waterloo

L'invasion de la France par les troupes alliées en 1814 oblige Napoléon à abdiquer. À Vienne, Metternich, ministre des Affaires étrangères sous les Habsbourg, négocie un système d'alliances visant à empêcher de futurs soulèvements. Restaurer Louis XVIII sur le trône de France n'est cependant pas la panacée immédiate attendue. En mars 1815, Napoléon s'échappe de l'île d'Elbe sur laquelle il a été exilé et revient dans le pays à la tête d'une armée de volontaires. Il envahit la Belgique, alors partie des Pays-Bas des Habsbourg, dans le but de défendre Paris, d'empêcher la jonction des armées prussiennes et britanniques et d'affirmer ses intentions. Toutefois, ses adversaires l'ont vaincu dans le passé : l'Anglais Wellington connu pour sa ruse, et le Prussien Blücher, âgé de 72 ans, réputé pour sa témérité. La tactique habituelle de Napoléon repose sur des attaques précises de l'infanterie et de l'artillerie, composées de paysans sous-entraînés et de vieux soldats, très nombreux et pleins de bonne volonté. Or, Napoléon doit faire face à des défaillances dans les communications et, élément crucial, il évalue mal la vitesse de progression de Blücher et la force de ses armées. Wellington utilise au mieux ses troupes, théoriquement en infériorité numérique, jusqu'à la percée des Prussiens. Vaincu, Napoléon est exilé à Sainte-Hélène où il meurt six ans plus tard.

Forest of Soignes
To Louvain
Route of the 1st Prussian Corps (7.30 P.M.) from Wavre
Joli-Bois
Ransbeche
Vieux-Amis
Le Roussart
Ter la Haye
Le Mesnil
Le Coucou
Ohain
Mont St.Jean
Woods of Ohain
Chapelle St.Lambert
Braine-Alleud
Farm of Mont St.Jean
Livraimont
Merbe Braine
Lasne
Smohain
Ohain R.
Jean-Loo
Cheval-de-Bois
Beau Chêne
La Haye Sainte
La Levette
Woods of
La Haye
Frichemont
Papelotte
Château
Hougomont
Pajeau
Lasne R.
La Belle-Alliance
Hanotelet
Mon Plaisir
Hubermont
Planchenoit
Maransart
Rossomme
Woods of Hubermont
La Maison-du-Roi
Scale 1:65000
0 ¼ ½ ¾ 1
PLAN DE LA BATAILLE DE WATERLOO
Positions britanniques
Positions françaises la bataille
Avant la bataille
Positions britanniques
Positions françaises
Positions prussiennes
Vers 17h30

La vapeur

En 1764, alors qu'il répare une machine de Newcomen, James Watt prend conscience qu'une chambre de condensation séparée pour la vapeur augmenterait son efficacité. À partir de 1775, il s'associe avec Matthew Boulton, homme d'affaires de Birmingham, pour fabriquer des machines pour les mines mais aussi capables d'entraîner des roues, jusqu'alors propulsées par l'énergie hydraulique ; désormais, on peut bâtir des usines partout. En 1814, on travaille sur l'utilisation de la vapeur pour propulser les véhicules. George Stephenson met au point une locomotive, la *Blücher*. Plus tard, il construit la *Fusée* (ci-contre) et exploite la première ligne publique de chemin de fer à vapeur. Les trains sillonnent la Grande-Bretagne en une génération et bouleversent tout, des habitudes de lecture à la ponctualité au niveau local. Dans le monde entier, ils offrent une grande capacité de transport à partir et à destination de tous les coins d'Europe, mais aussi des Empires britanniques et français. L'Amérique est domestiquée par le chemin de fer et la vapeur, et le déferlement vers l'ouest est accéléré par la ruée vers l'or de 1849. Les trains et les bateaux à vapeur sont à l'origine d'un brassage de races et de cultures comme jamais auparavant. Même lorsque l'électricité devient la principale source d'énergie, les générateurs continuent à fonctionner à la vapeur.

Gravure contemporaine de la *Fusée* de George Stephenson, locomotive à vapeur proposant le premier service de transport ferroviaire à usage public à partir de 1830.

Simón Bolívar

Sans doute la figure majeure de l'histoire de l'Amérique latine, Simón Bolívar (1783-1830) incarne la source d'inspiration œuvrant à libérer le continent de la domination espagnole. Sa famille s'installe au Venezuela au XVIe siècle et s'établit rapidement, se prévalant de vastes propriétés et de riches mines de cuivre. Pendant les premières années de sa vie, il est imprégné des valeurs du Siècle des lumières avant de suivre une formation de soldat. Alors qu'il séjourne en Europe, il assiste au couronnement de l'empereur Napoléon, événement qui agit sur lui comme un catalyseur. De retour au Venezuela en 1807, il fomente un coup d'État qui conduira le pays à proclamer son indépendance en 1811. Les conspirateurs tirent parti du désarroi des Espagnols à l'époque, marqués par l'invasion très récente de Napoléon ; toutefois, suite au rassemblement des forces armées espagnoles, une guerre civile éclate. Bolívar fuit à Haïti, avant de rentrer en 1816 pour lancer des campagnes qui se solderont par l'indépendance de la Grande Colombie, État unifié englobant des régions de la Colombie, de l'Équateur, du Panama, du Venezuela et du Pérou. Plus tard, il participe à la libération du reste du Pérou et de la Bolivie et sera le président de tous ces États. L'union se brise peu de temps avant sa mort en 1831.

INDÉPENDANCE DANS
LES AMÉRIQUES
avant 1800
1800-1820
1821
1822-1829
À partir de 1830

L’indépendance grecque

La Grèce est dirigée par les Ottomans depuis des siècles, alors que des mouvements nationalistes se développent dans toute l’Europe. Filiki Eteria, groupe d’expatriés, suscite la sympathie des Européens, conscients de leur dette envers la pensée classique, à l’égard de l’esprit national : la London Greek Society réunit à elle seule 2,8 millions de livres sterling. Le 17 mars 1821, Germanos, archevêque orthodoxe grec, rejette ouvertement l’autorité turque : le soulèvement populaire devient révolte armée. Le sultan s’allie à Méhémet Ali, vice-roi d’Égypte. La Grande-Bretagne et le chancelier Metternich, issu de la maison des Habsbourg, refusent de soutenir la révolte, mais des personnalités comme le célèbre peintre français Delacroix et le poète rebelle Lord Byron – qui trouve la mort dans ces circonstances – se portent à la tête de volontaires. En 1827, la Grande-Bretagne et la France en accord avec la Russie proposent un armistice à la Turquie. Mais, quelques mois plus tard, des navires britanniques sont attaqués à Navarin par la flotte égyptienne, qui est détruite. Le ministre des Affaires étrangères du nouveau tsar Nicolas Ier, originaire de Grèce, argue en faveur d’une solidarité entre les peuples orthodoxes, et la Russie déclare la guerre à la Turquie en 1828. L’indépendance de la Grèce, dont de nombreux groupes prennent acte, est proclamée en 1832.

ΤΩ
ΤΩ
ΚΛ.

La Piste des larmes

Andrew Jackson est un héros de guerre adulé. Alors qu'il effectue le premier de ses deux mandats comme président des États-Unis, il signe en 1830 l'*Indian Removal Act* (la « Loi sur le déplacement des Indiens ») : il s'agit d'un document d'une page visant à faire disparaître tous les vestiges de la souveraineté amérindienne. Malgré la colonisation européenne, la propagation des maladies et des conflits – notamment la guerre de Sept Ans –, de nombreux Amérindiens restent à l'est du Mississippi, faisant preuve d'adaptation tout en préservant leur culture. L'alphabétisation, la propriété de plantations, voire la possession d'esclaves se développent dans des tribus telles que les Cherokees ; les réfugiés sont accueillis par les Séminoles. La loi stipule que toute tribu signant un traité peut être en toute légalité déplacée vers l'ouest, loin des terres de grande valeur convoitées par la population américaine, en augmentation constante. Les Amérindiens sont alors persuadés de signer des traités (souvent avec des dirigeants fantoches illégitimes ou sous la pression). L'Oklahoma actuel devient une réserve d'Indiens (le territoire est ouvert aux colons blancs par le gouvernement fédéral en 1889). Pour s'y rendre, les Amérindiens sont contraints d'entreprendre une marche pénible, parcourant des milliers de kilomètres et laissant en chemin des milliers de morts.

Carte : Le territoire indien

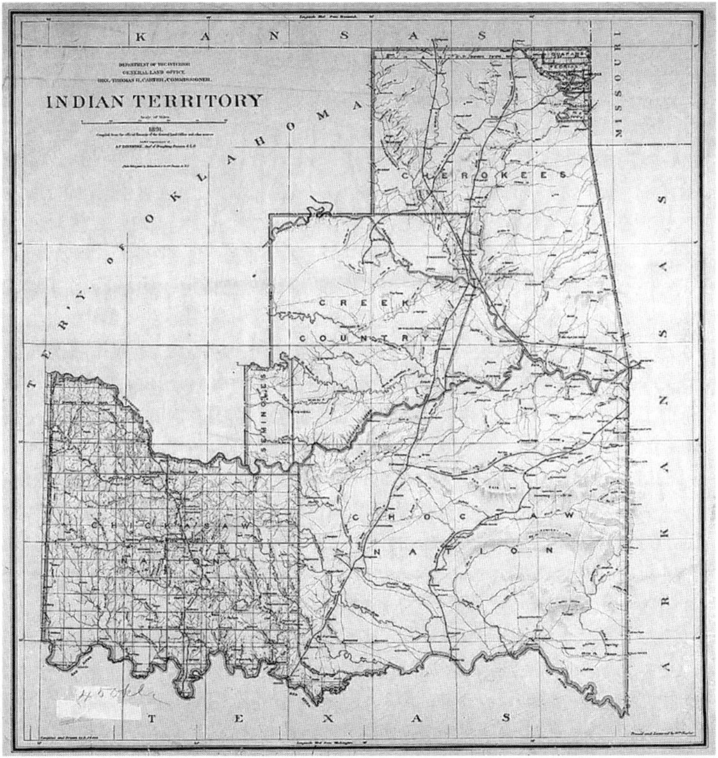

La télégraphie

Pendant des siècles, les marins utilisent des drapeaux pour communiquer à longue distance. Le besoin d'un système plus fiable se fait jour, notamment avec la nécessité de coordonner les nouvelles voies ferrées. En 1837, des télégraphes électriques sont développés en Grande-Bretagne et en Amérique. Samuel Morse conçoit un code de transmission, via des lettres de l'alphabet, qui devient la référence. Les systèmes télégraphiques s'implantent dans toute l'Amérique et l'Europe ; après plusieurs tentatives palpitantes, un câble transatlantique permanent est établi en 1856. Les communications internationales en temps réel sont possibles. Les applications militaires sont évidentes : pendant les conflits secouant le Schleswig-Holstein, le télégraphe joue un rôle considérable pour la Prusse. Quand éclate la Première Guerre mondiale, la Grande-Bretagne a établi une série de câbles à travers le monde entier pour relier les membres de son empire. Les relais d'informations accélèrent les transactions d'actions. Les journalistes apprécient ce phénomène et de nombreux journaux anglophones s'appellent encore aujourd'hui *The Telegraph*. Après l'arrivée des téléphones et de la radio, le télégraphe reste le mode de transmission le plus économique jusqu'aux années quatre-vingt, où il est remplacé par le télex, puis par l'Internet.

Les ruées vers l'or

Au XIXe siècle, un phénomène singulier relie l'immigration à grande échelle, les derniers jours des paysages du Far West romantiques et la technologie naissante responsable de leur future élimination, notamment les bateaux à vapeur et les liaisons ferroviaires transcontinentales. Suite à la guerre mexicano-américaine, les États-Unis ont à peine fini de régler le différend relatif à la possession de Californie lorsque, en 1848, James Marshall trouve de l'or à Sutton's Mill. C'est le début d'une ruée vers la Californie : des marchandises sont vendues à des prix exorbitants, des colonies poussent comme des champignons, florissantes pendant un bref laps de temps pour finir en villes fantômes. Les autorités australiennes taisent les premières découvertes d'or de crainte d'exciter la population de détenus, mais elles sont ensuite soulagées par les résultats obtenus en Californie : la population a quasiment triplé en une décennie et elle progresse régulièrement par la suite. Plus tard, un afflux massif dans le Transvaal de chercheurs de trésors venus de l'extérieur contribue au déclenchement de la guerre des Boers en Afrique du Sud. L'immigration des Chinois en Californie est ralentie par les taxes imposées aux mineurs étrangers. Toutefos, nombre d'entre eux trouvent du travail à San Francisco, où voit le jour le premier quartier chinois.

Les guerres de l'opium

L'opium est introduit en Chine par les marchands portugais. La Grande-Bretagne souhaite commercialiser les produits chinois, notamment le thé fortement taxé et, en contrepartie, la Chine veut être payée en monnaie d'argent seulement. Avec l'expansion de la dynastie manchoue des Qing en Russie et au Vietnam, verser des droits annuels de six millions de dollars à un rival n'intéresse pas les Britanniques. Interdit officiellement depuis 1729, le commerce de l'opium, développé par la Compagnie des Indes orientales, fait pencher la balance commerciale en faveur de la Grande-Bretagne. En 1839, Lin Zexu, commissaire extraordinaire, veut confisquer l'opium et interdit le port de Canton aux navires. La Grande-Bretagne riposte et les navires chinois sont écrasés par la flotte et les canons britanniques. Le traité de Nankin de 1842 stipule que la Chine doit s'acquitter d'indemnités de guerre, céder Hong Kong et ouvrir plus de ports. La France participe à la deuxième guerre, de 1857 à 1860, pendant la révolte des Taiping. Le traité de Tianjin de 1858 légalise le commerce de l'opium, mais la Chine résiste encore jusqu'à la prise de Pékin en 1860. Un traité met fin aux hostilités, ordonnant de rendre une partie de la Mandchourie à la Russie et octroyant aux États-Unis des conditions favorables.

Le *Nemesis*, cuirassé à vapeur de la Compagnie des Indes orientales (au premier plan, à droite) fait subir des dommages dévastateurs à la flotte chinoise adverse.

La guerre civile dans les Tonga

À l'instar de la Thaïlande, les Tonga maintiennent leurs lois autochtones, le protectorat britannique de 1900 n'existant qu'à titre honorifique. Tongatapu, l'île principale, est habitée depuis vraisemblablement cinq mille ans ; de l'an 950 à 1500 environ, elle devient une puissance culturelle et politique de premier plan en Polynésie avant de décliner, en proie aux guerres civiles, rébellions et assassinats. Les premiers Européens qui s'y rendent sont des marchands de la Compagnie néerlandaise des Indes orientales. En 1799, Tuku'ahou, monarque tyrannique, dépositaire d'une légitimité séculaire, est assassiné. Le conflit éclate alors que les souverains locaux rivalisent pour asseoir leur pouvoir. Finau Feletoa fonde ce qui s'apparente à un royaume indépendant. Son décès en 1809 met temporairement fin aux hostilités. Son fils désigne comme héritier son gendre Taufa'ahau Tupou (1797-1893), petit-fils de Kuku-aho. Le principal adversaire de Tupou, le chef spirituel Laufilitonga, est vaincu lors de la bataille de Velata en 1826. Baptisé en 1831 par des missionnaires de l'Église wesleyenne, Tupou prend le nom de George. Il s'emploie à éradiquer l'esclavage, instaure une monarchie constitutionnelle et transforme les Tonga en un État moderne.

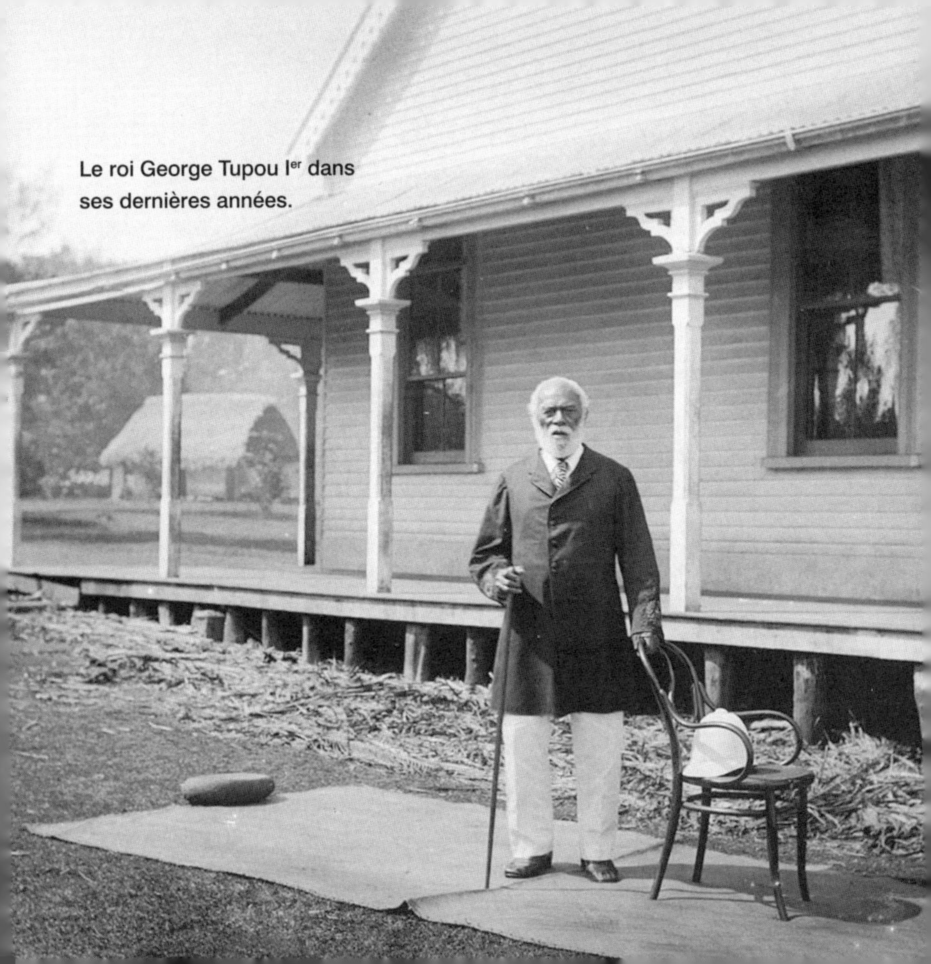

Le roi George Tupou Ier dans ses dernières années.

Le suffrage universel

Même si la Révolution française et la Déclaration d'indépendance américaine s'inscrivent dans la rhétorique du Siècle des lumières liée aux droits inaliénables, ces États sont financés par l'esclavage. Après Waterloo, le redécoupage des frontières européennes mécontente. Le nationalisme est associé aux causes progressistes ; émerge une demande croissante de la population métropolitaine, alphabétisée, de faire entendre sa voix. La Grande-Bretagne fait voter une loi de réforme du système parlementaire en 1832 ; ailleurs, les révoltes de 1848 appliquent à tous la logique abolitionniste. Alexandre II, le tsar libérateur, et les Habsbourg mettent fin à l'esclavage, et la France abolit à nouveau l'esclavage colonial. Mais, les progrès s'avèrent sporadiques, notamment pour les femmes. Le Colorado devient le premier État américain à autoriser le vote des femmes en 1893 : elles ne sont plus considérées comme la propriété de leur époux, il n'y a pas d'obstacle juridique. Celles issues de la noblesse peuvent souvent être élues, sans avoir le droit de voter. Il faudra attendre la Première Guerre mondiale pour prouver que des femmes peuvent travailler dans des commerces jusqu'alors tenus par des hommes et leur accorder le droit de vote. Les lois visant à protéger le droit de vote des minorités américaines sont établies uniquement dans les années 1960.

Programme officiel
Procession de suffragettes

Washington D.C.
3 mars 1913

1848

Il est plus facile de dresser la liste des pays européens qui n'ont pas participé à la révolution en 1848 : Hollande, Scandinavie, Grande-Bretagne et Ibérie. Des récoltes médiocres, l'urbanisation et le mécontentement de la bourgeoisie ont joué un rôle, mais un nouvel élément de grande portée vient de poindre : le nationalisme. Le succès de l'indépendance grecque inspire les mouvements romantique, libéral et nationaliste, unis contre des ennemis communs. Pie IX, le nouveau pape, suscite des espoirs de réforme ; des informations relatives à chaque révolte sont relayées par télégraphe, motivant les autres insurgés. Suite à la révolution de Vienne, les principautés germanophones s'organisent pour former un État ; or, la Prusse ne participe pas à cette initiative, d'où la question du Schleswig-Holstein. L'Autriche reste aux mains des Habsbourg et abolit l'indépendance tchèque. Toutefois, les plans des Habsbourg et des Ottomans par rapport à l'Autriche-Hongrie sont déjoués et la région abolit le servage ; la Pologne bénéficie de l'appui des Habsbourg pour affirmer son statut de nation. Mazzini, radical italien, scelle une alliance improbable réunissant intellectuels et paysans. En France, la monarchie de Louis-Philippe s'achève et Louis-Napoléon, neveu de Bonaparte, est élu président, puis devient empereur en 1852 sous le nom de Napoléon III.

La guerre de Crimée

Suite à la résolution de leur conflit dans le cadre de l'indépendance grecque, la Russie et les Ottomans concluent un accord relatif aux principautés danubiennes : la Russie base sa marine en Crimée, mais abandonne ses ambitions européennes. Or, en juillet 1853, le tsar Nicolas Ier lance une attaque, pariant que la France et la Grande-Bretagne, même si elles consentaient à protéger des musulmans, ne seraient jamais d'accord sur une mission commune. Il se trompe : les armées franco-britanniques atteignent rapidement les Dardanelles ; les Ottomans ragaillardis déclarent la guerre en octobre. L'Autriche s'engage en 1854, obligeant la Russie à battre en retraite. Après la mort de milliers de soldats qui ont succombé au choléra et à un détour inutile par Balaklava, la France et la Grande-Bretagne parviennent à la base navale de Sébastopol : la Russie saborde sa flotte avant que ne soit engagé le combat. C'est la première guerre médiatique : photographie et télégraphie sont en plein essor et des renseignements sont transmis à Londres, qui témoignent d'erreurs d'appréciation calamiteuses. Ainsi, Tennyson, poète lauréat britannique, écrit *La Charge de la brigade légère* dans le but de dénoncer une bourde infamante. La profession d'infirmière prend naissance à cette époque, incarnée par Florence Nightingale et Mary Seacole.

Les reportages et les photographies transmis du front pour atteindre l'Europe occidentale obligent chefs militaires et hommes politiques à réfléchir sur leur façon de présenter le conflit au public.

De l'origine des espèces

Les observations géologiques de Charles Lyell forcent déjà les scientifiques à penser le temps en ères plutôt qu'en siècles. À cette époque, Charles Darwin (1809-1882) étudie à Édimbourg. Son voyage à bord du HMS *Beagle* dans les années 1830 l'amène à étudier les fringillidés des îles Galápagos. Il en conclut que les nombreuses espèces différentes doivent être apparentées et en mesure de s'adapter à leur environnement. Pendant vingt ans, il peaufine sa théorie de la sélection naturelle : les organismes évoluant dans un environnement favorable sont davantage aptes à survivre et à se reproduire, car ils transmettent leurs caractéristiques et conduisent les espèces à évoluer au fil du temps. Il fait paraître son ouvrage, *De l'origine des espèces au moyen de la sélection naturelle* en 1859 après des discussions avec Alfred Russel Wallace, concepteur d'une théorie semblable. Malgré une première controverse portant sur l'application de sa thèse aux êtres humains, l'évolution par sélection naturelle devient rapidement un axiome scientifique de tout premier plan. Herbert Spencer applique ces principes à la société humaine. Francis Galton invente le terme d'« eugénisme » pour qualifier les moyens destinés à améliorer l'espèce humaine, mot repris ultérieurement par les racistes et finalement discrédité après l'Holocauste.

1. Géospize à gros bec 2. Géospize à bec moyen
3. Géospize à bec fin 4. Géospize olive

1. Geospiza magnirostris. 2. Geospiza fortis.
3. Geospiza parvula. 4. Certhidea olivasea.

Darwin observe les traits caractéristiques des espèces comme les différentes formes de becs des fringillidés et en conclut que leur diversité est le fruit de l'évolution et non pas le dessein immuable de Dieu.

Le *Risorgimento*

Après Waterloo, les possessions de Napoléon en Italie sont cédées aux Habsbourg. Toutefois, les villes-États et les provinces sont bientôt unifiées par une culture mettant à l'honneur la fierté panitalienne ; baptisée *Risorgimento* ou « résurgence », elle se heurte à l'hostilité du pape Pie IX. En 1848, des révoltes manquées motivent des mouvements révolutionnaires romantiques : la « jeune Italie » de Mazzini fait des émules en Irlande et en Russie. L'État du Piémont élabore un modèle de gouvernement national et, en 1859, son Premier ministre, le comte de Cavour, arrache la Lombardie à la domination des Habsbourg d'Autriche avec l'aide de Napoléon III. Giuseppe Garibaldi (voir photo ci-contre), révolutionnaire carriériste, conduit une armée, les Mille, à travers la Sicile jusqu'à Naples. Cavour intervient avant qu'ils n'aient atteint Rome, et Garibaldi met ses volontaires au service du roi Victor-Emmanuel, nouveau chef d'État, et lui fait don de ses conquêtes. L'Italie devient un royaume en mars 1861. Cavour meurt quelques mois plus tard. Alors que la France soutient l'Italie contre les Habsbourg, elle renforce l'armée papale combattant Garibaldi. Rome finit par tomber en 1870, date à laquelle le siège de Paris par les Prussiens oblige les Français à se retirer. En 1871, l'ensemble de l'Italie est unifié, à l'exception du Vatican.

La révolte des Taiping

Hong Xuiquan, maître d'école chinois, candidat malheureux à un poste dans la fonction publique, adopte un protestantisme idiosyncrasique et revendique la mise en commun des terres et l'octroi de droits aux femmes ; il exige qu'il soit mis fin au bandage des pieds, à l'esclavage, à la consommation d'opium et au confucianisme. Entre 1850 et 1864, son mouvement instaure le Royaume céleste de Taiping dans le sud-est de la Chine : il saisit des terres, enrôle des troupes par la force et massacre de présumés opposants. Les chiffres concernant les morts et les blessés sont peu fiables : à cette époque, suite aux crues du Yangtsé et du fleuve Jaune, les épidémies, les famines généralisées, les morts liées à l'opium et des révoltes simultanées dans d'autres régions du pays augmentent le nombre des victimes. Les armées britannique et française soutiennent les souverains Qing : l'armée du Hunan, sous l'égide de Zeng Guofan, est entraînée par le général britannique Gordon et le mercenaire américain Frederick Towsend Ward. Sa politique de la terre brûlée appliquée même aux villes qui se rendent, et la répugnance des Taiping à l'encontre de l'élite manchoue et des confucéens auraient provoqué la mort de trente millions de personnes. En comparaison, le nombre de tués à la même époque pendant la guerre de Sécession est inférieur à un million.

Bannière du royaume céleste des Taiping.

La guerre de Sécession

L'ensemble des États-Unis tirent avantage du commerce triangulaire. Or, la plupart des esclaves sont envoyés dans les États du Sud ; l'objectif est de répondre aux besoins considérables en main d'œuvre de l'agriculture, notamment la production de coton, qui représente environ soixante pour cent des exportations américaines. Toutefois, les abolitionnistes gagnent du terrain dans le Nord industriel et, lorsque le Kansas fait droit à la décision de s'établir par vote populaire, l'État est envahi par les activistes et la violence éclate.

Une confédération, au départ composée des États de la Caroline du Sud, du Mississippi, de la Floride, de l'Alabama, de la Géorgie, de la Louisiane et du Texas, rejoints plus tard par la Virginie, l'Arkansas, le Tennessee et la Caroline du Nord, fait sécession suite à l'élection à la présidence du républicain Abraham Lincoln. Ce dernier, qui a fait campagne contre l'expansion de l'esclavage dans les États libres et les territoires américains, s'oppose au pouvoir grandissant des États esclavagistes du Sud. Les hostilités commencent lorsque Jefferson Davis, président de la Confédération sudiste, attaque une base militaire de l'Union à Fort Sumter, en Caroline du Sud, le 12 avril 1861. Le Nord est, de loin, le mieux équipé pour faire la guerre : il possède la majeure partie des installations industrielles du pays et des chemins de fer et l'ensemble de la marine. Le blocus établi avec succès par l'Union gèle les exportations et la contrebande d'armes à destination de la Confédération. Au final, celle-ci n'est reconnue officiellement par aucun pays même si, entre-temps, le Sud espère obtenir le soutien des pays européens ; en effet, l'industrie textile britannique a besoin de coton, mais elle opte pour l'augmentation de sa production en Inde. Toutefois, la plupart des stratèges militaires rejoignent la Confédération. Lincoln remplace ses généraux, qui se succèdent à un rythme infernal, avant de trouver enfin Ulysses S. Grant, brillant militaire. Le Sud sort vainqueur de la plupart des conflits jusqu'en septembre 1862 ; néanmoins, la bataille d'Antietam dans le Maryland permet d'arrêter la première incursion du général sudiste Robert E. Lee sur le territoire détenu par les Nordistes.

Peu après, le Président Lincoln rédige la Proclamation d'émancipation par laquelle il déclare que la libération des esclaves de tous les États est l'objectif premier de la guerre. La deuxième incursion de Lee dans le Nord en 1863 se solde par une défaite à Gettysburg, événement inspirant « l'Adresse de Gettysburg », célèbre discours prononcé par le Président. Lorsque les généraux de l'Union, Grant et Sherman, lancent ensemble une contre-attaque, Lee se rend en avril 1865. La guerre est finie, mais quelques jours plus tard, Lincoln est assassiné.

L'empereur Maximilien

Napoléon III, empereur des Français, farouche adversaire du *Risorgimento*, est contrarié lorsque le Mexique n'honore pas le remboursement de sa dette en 1862. Alors que le Mexique fait face à une situation chaotique depuis l'obtention de son indépendance en 1821, le président Benito Juárez combat les rebelles et les États-Unis sont absorbés par la guerre de Sécession qui secoue leur pays : le moment est idéal pour intervenir. L'Espagne et la Grande-Bretagne, également écrasées de dettes, viennent en renfort jusqu'à ce que le plan d'envergure des Français, à savoir placer un Habsbourg sur le trône du Mexique, devienne évident. En 1859, cette fonction est offerte à l'archiduc Ferdinand Maximilien ; l'intervention française au Mexique en 1861 met à jour de nouvelles aspirations à la restauration de la monarchie, avec pour corollaire le couronnement de Maximilien Ier en 1864. Toutefois, l'Amérique réunifiée soutient Juárez et exige le cantonnement des intérêts européens hors de l'hémisphère occidental ; en atteste le déploiement de cinquante mille soldats jusqu'au Rio Grande au titre de l'application de la doctrine Monroe. La France procède au retrait de ses troupes en 1866 et le régime de Maximilien s'effondre. Ce dernier tombe sous les balles d'un peloton d'exécution en 1867. Juárez reste président jusqu'à la fin de ses jours.

Le destin de l'éphémère empereur Maximilien a fasciné le peintre français Édouard Manet, qui réalisa pas moins de cinq tableaux représentant son exécution.

La question du Schleswig-Holstein

Après s'être imposée comme puissance de premier plan pendant la guerre de Sept Ans, la Prusse est finalement conquise par Napoléon, mais elle refait surface, se targuant de possessions territoriales françaises considérables après Waterloo. Otto von Bismarck (1815-1898), l'un des hommes d'État les plus expérimentés de l'Histoire, est nommé chancelier en 1862. Il cherche à unifier la Confédération germanique alors divisée pour la transformer en État-nation à part entière, la Prusse dominant l'Autriche des Habsbourg. L'armée prussienne, sous l'égide de Helmuthvon Moltke et d'Albrecht von Roon, est à nouveau l'une des meilleures d'Europe, et Bismarck convainc l'Autriche qu'une alliance contre le Danemark, qui a des prétentions sur les duchés de Schleswig-Holstein, serait dans leur intérêt mutuel. La deuxième guerre du Schleswig se termine avec le traité de Vienne, par lequel le Schleswig revient à la Prusse et le Holstein est attribué à l'Autriche. Bismarck tire dorénavant les fils des querelles diplomatiques : une guerre austro-prussienne éclate en 1866, mais elle dure seulement deux mois ; la Prusse écrase les Autrichiens à la bataille de Königgrätz, s'emparant des duchés et excluant l'Autriche de la politique germanique.

La Reconstruction

La guerre de Sécession a eu un coût exorbitant, impliquant l'instauration de la conscription dans les deux camps et la mise en place d'un impôt sur le revenu. Les anciens États confédérés sont ruinés et ravagés par la guerre ; les esclaves récemment libérés font face à d'énormes défis pendant la Reconstruction. Plusieurs lois relatives aux droits civiques sont promulguées et le Bureau des Hommes libres propose son aide pendant les premières années. De nouveaux électeurs enthousiastes élisent des représentants et des sénateurs noirs, mais cette période progressiste prend fin en 1877 : le républicain Rutherford Hayes remporte la présidence grâce à sa proposition de retrait des troupes fédérales du sud, gagnant ainsi le contrôle sur les États du Sud. Des restrictions de vote surgissent, le Ku Klux Klan, qui réunit les adeptes du suprématisme, terrorise les communautés noires, et de nombreux Afro-Américains sont contraints de devenir des métayers, asservis dans leur grande majorité. Le Sud reste à prédominance agricole pendant des décennies. Le fossé culturel qui se creuse, et qui n'est toujours pas comblé à ce jour, est accentué par la prospérité croissante des autres États. *L'Âge doré*, roman de Mark Twain publié en 1873, embrasse une ère marquée par les monopoles d'entreprises, les ententes secrètes et la corruption.

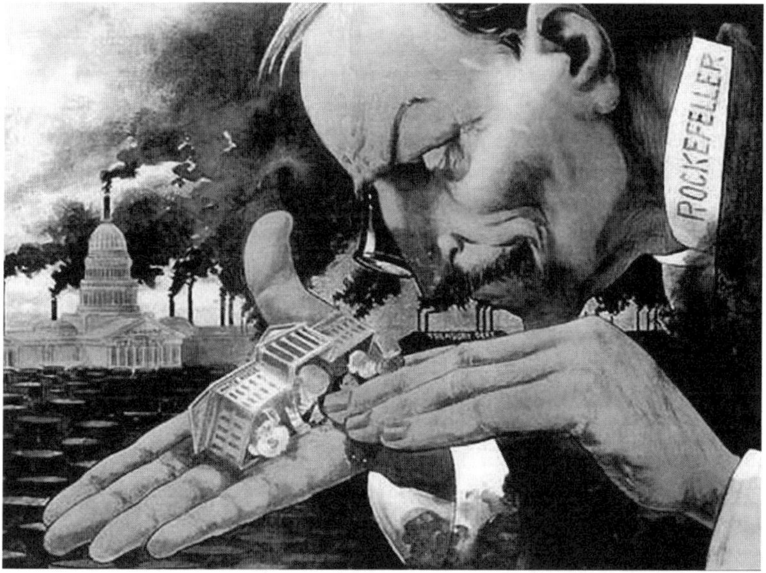

Un dessin satirique tiré du roman *L'Âge doré* critique le pouvoir exercé sur les politiques nationales par de riches industriels comme John D. Rockefeller.

Les guerres xhosas

La plupart des futures luttes sud-africaines puisent leur source dans une série de neuf conflits dont l'escalade va des vols de bétail et des représailles à une guerre totale pendant un siècle à partir de 1779. Le Cap est la première ville colonisée par la Compagnie néerlandaise des Indes orientales ; parallèlement, alors que les Boers, agriculteurs frontaliers, se dirigent vers l'est, les Xhosa partent en direction de l'ouest pour converger vers la même région. Suite aux assauts des San, les Boers sont sans pitié lors de leurs affrontements avec les Xhosa. En 1798, les Britanniques placent une garnison dans la colonie ; après Waterloo, on leur cède le territoire et ils négocient avec toutes les parties. Suite à une réaction étonnamment brutale des Britanniques découlant de la quatrième attaque des Xhosa, une trêve de quinze ans prévaut. Lors de la septième guerre (1846-1847), les Xhosa ont des armes à feu et les deux camps pratiquent la tactique de la terre brûlée. La huitième guerre fait suite à une prophétie catastrophiste d'une adolescente, à savoir que la victoire des Xhosa ne pourra être assurée qu'en contrepartie du sacrifice de tout leur bétail. Pendant la dernière guerre (1877-1878), les Boers se retournent contre la politique britannique qui vise l'instauration d'une zone tampon exempte de Blancs et de Xhosa, vers laquelle les Zoulous émigrent dorénavant.

Tout au long des guerres xhosas, les membres des tribus africaines accordent une confiance dangereuse aux prophéties d'une adolescente, comme celle présentée ici, attitude produisant parfois des résultats désastreux.

Le tsar libérateur

Malgré la répression qu'il exerce en Pologne, le quasi génocide en Circassie et le choix de la Sibérie comme camp de prisonniers, Alexandre II reste dans les mémoires comme le tsar le plus éclairé de la Russie. Ses politiques économiques et sociales témoignent d'un libéralisme sans précédent. Ses voyages l'amènent dans les nations occidentales et la majeure partie de la Russie. Après avoir écourté la guerre de Crimée, sa principale action militaire consiste à lancer une autre guerre contre les Ottomans, cette fois afin de libérer la Bulgarie. Sa politique qui vise à mettre un terme au servage, pratique féodale d'asservissement – les serfs étant considérés comme objets de propriété –, lui vaut sa réputation d'homme aimable. Mettre fin au système est censé annuler les hypothèques des propriétaires terriens : les exportations de céréales augmentent, mais de nombreux nobles ruinés deviennent des bureaucrates. Ces initiatives auraient dû marquer le début d'une série de réformes analogues à celles de la *Magna Carta*, mais il faudra attendre le siècle suivant la mise en place de la *douma* (parlement) prévue par Alexandre II. Celui-ci est assassiné par la cellule révolutionnaire Narodnaya Volya lors d'un attentat à la bombe en mars 1881. Cet acte est à l'origine de représailles drastiques initiées par son fil Alexandre III et la vieille garde du Kremlin.

Le Congo belge

La Belgique et l'Allemagne ont la conviction que les colonies africaines sont essentielles aux puissances européennes. En 1884, elles conviennent que le Congo, inaccessible et peu prometteur aux yeux des impérialistes antérieurs, doit être une zone commerciale libre. Léopold II, roi de Belgique, crée une société dont il est l'unique actionnaire et lance son exploitation commerciale. En l'espace de quarante ans, la population diminue de moitié. Le recrutement de travailleurs forcés pour satisfaire les quotas stricts en matière d'huile de palme et de caoutchouc implique de retirer des hommes du travail de la terre, et quiconque n'atteignant pas l'objectif est affamé, massacré ou assiste à la mutilation de ses enfants. À la suite du traité de Versailles, le territoire du Congo est agrandi ; les théories eugénistes allemandes érigent la supériorité de la tribu des Tutsis par rapport aux Hutus, qui conduira au génocide rwandais de 1994. En 1908, le cuivre remplace le caoutchouc comme matériau stratégique et Léopold lègue son patrimoine au gouvernement belge. Après la Seconde Guerre mondiale, les systèmes d'éducation et de protection sociale sont améliorés et, en 1960, la Belgique finit par se retirer. Sa complicité dans la mort en 1961 de Patrice Lumumba, élu chef de gouvernement, justifierait finalement des excuses.

Un des tout premiers albums photographiques saisit la sérénité trompeuse de la vie au Congo belge.

Ellis Island

Suite aux révolutions manquées de 1848 et à la ruée vers l'or en Californie, des millions d'Européens partent en Amérique pour une nouvelle vie ; en outre, les tout derniers bateaux à vapeur permettent des traversées de l'Atlantique bon marché, à défaut d'être confortables. Une maladie fongique, le mildiou, sévit en Irlande dans les années 1840 et détruit les récoltes de pommes de terre. Un million de personnes meurent de faim, mais deux fois plus se rendent en Angleterre, en Australie et surtout en Amérique. Les pogroms suivant l'assassinat d'Alexandre II poussent les Juifs russes à émigrer. En vertu du *Homestead Act*, « Loi de propriété fermière », instauré après la guerre de Sécession, des terres sont données à ceux qui souhaitent s'établir et créer des fermes pour les cultiver. Initiative qui favorise l'expansion vers l'ouest. En 1892, Ellis Island est l'entrée principale des immigrants, qui s'installent nombreux à New York, qui rivalise rapidement avec Londres en termes de population et de diversité culturelle. La première décennie des années 1900 connaît l'immigration la plus forte de l'histoire, un processus non égalitaire : l'immigration croissante des Chinois en Californie inquiète les autorités locales qui font pression pour obtenir des quotas stricts sur les Asiatiques, et des limites générales sont appliquées après la Première Guerre mondiale.

Les guerres sino-japonaises

Deux grandes guerres modernes éclatent entre la Chine et le Japon, la première de 1894 à 1895, la seconde entre 1937 et 1945 ; cette dernière est considérée comme marquant véritablement le début de la Seconde Guerre mondiale. Après s'être retiré du monde suite à l'édit de Sakoku marquant l'isolement volontaire du Japon, ce dernier renoue avec un gouvernement impérial après la restauration des Meiji et la chute du shogunat Tokugawa en 1868. Dorénavant, il s'institue comme puissance impériale. La Corée déclenche le premier *casus belli* : la famine et les tentatives de coups militaires accroissent la vulnérabilité de l'État, jusqu'ici indépendant. Lorsque la Corée demande des troupes à son voisin pour l'aider à réprimer la rébellion du Tonghak, le Japon invoque une violation du traité de Tianjin récemment signé et envoie son propre corps expéditionnaire, initiative conduisant à l'instauration d'un nouveau gouvernement pro-japonais à Séoul.

La guerre s'ensuit : « l'Armée toujours victorieuse » chinoise, moderne, constituée de soldats autochtones entraînés sous l'égide d'un corps d'officiers européens, s'attend à remporter une victoire facile ; or, l'armée japonaise lance avec succès une attaque à travers la Corée. Suite à l'anéantissement par l'armée impériale japonaise de la flotte chinoise de Beiyang et grâce à la supériorité acquise en mer Jaune, les troupes progressent jusqu'en Manchourie et finissent par s'emparer de Taiwan.

En vertu du traité de Shimonoseki, la Chine ouvre ses ports, abandonne des territoires, verse une indemnité de guerre et reconnaît l'indépendance de la Corée. Le Japon annexe cette dernière en 1910 ; quant à la Manchourie, elle reste officiellement chinoise mais, en réalité, elle demeure sous contrôle japonais par le biais des seigneurs de guerre locaux. Les aspirations russes par rapport à ladite zone sont à l'origine de la guerre russo-japonaise.La seconde guerre sino-japonaise résulte de cette situation. La reconquête par le Japon de la Mandchourie est lancée en 1931, mais en 1937, une escarmouche suscite un conflit tous azimuts, quoique non déclaré. Le Japon subit de lourdes pertes même s'il s'empare de Shanghai et de la capitale d'alors, Nankin, dont le massacre est tristement célèbre. Environ vingt millions de Chinois, civils et militaires, meurent pendant la guerre, et on recenserait un million de morts parmi les Japonais. Les forces armées chinoises adoptent une stratégie de guérilla, tandis que le Japon tente d'installer des gouvernements fantoches, avec des succès variés. Lors du début des hostilités mondiales, les Alliés apportent leur aide à la Chine, mais ils restent majoritairement absents de cette région.

La guerre hispano-américaine

Après les guerres péninsulaires ayant pour toile de fond les conflits napoléoniens, le pouvoir maritime de l'Espagne est diminué. Les Philippines se rebellent en 1896 et Cuba est secoué par des révoltes sporadiques à partir de 1868. En 1895, José Martí lance, avec succès, une guérilla à Cuba, romancée par les journaux américains. Après une répression espagnole violente, le cuirassé USS *Maine* se rend à Cuba afin de contrôler la situation, mais explose de façon inexplicable le 15 février 1898. L'opinion publique américaine laisse éclater sa colère contre l'Espagne ; le Congrès adopte l'amendement Teller, déclaration d'intention visant à empêcher l'annexion de Cuba. Les États-Unis, considérés désormais comme une puissance mondiale, déclarent la guerre le 25 avril. La guerre dure quatre mois à peine : l'Espagne manque de ressources et les soldats américains meurent plus de maladie que du combat. La marine américaine, réduite mais forte de moyens sophistiqués, anéantit la flotte espagnole. L'Amérique prend le contrôle de toutes les colonies espagnoles – Guam, Puerto Rico, les Philippines – et annexe Hawaï ; l'année suivante survient la partition de Samoa. Les Philippines se rebellent de nouveau et s'engagent dans une guerre qui durera jusqu'en 1902, et n'obtiendront leur indépendance qu'à la fin de la Seconde Guerre mondiale.

Libérez Cuba.

Souvenez-vous du Maine.

La révolte des Boxers

Suite aux inondations, sécheresses et famines, le sentiment que les déséquilibres de la nature sont l'œuvre des étrangers prévaut dans la Chine rurale. Ainsi, les chemins de fer allemands et anglais sont accusés de bloquer le *chi*. Le mécontentement fait ressurgir les traditions taoïstes et les pratiques antérieures. Un groupe qui se fait appeler « Les Poings de la justice et de la concorde » se révolte contre les influences étrangères, allant jusqu'à assassiner des chrétiens chinois. D'abord, ils n'ont pas de chefs ou de programme d'action identifiable autre que le rétablissement des anciennes coutumes, le soutien à la monarchie des Qing et l'opposition à la cour mandchoue. Des millions de personnes meurent, même si c'est le nombre de morts et de blessés européens qui attire l'attention mondiale. Les étrangers et la population mandchoue deviennent des boucs émissaires utiles pour des personnalités politiques ambitieuses, notamment l'impératrice douairière Cixi. En juin 1900, celle-ci ordonne la mort de tous les étrangers. Le Japon et la Russie envoient des navires, mais la flotte occidentale arrive tardivement. Après la levée de siège de la légation britannique à Pékin en juillet, Cixi dénonce les Boxers. Les représailles européennes déstabilisent encore davantage la monarchie et conduisent à l'avènement d'une République à compter de 1911.

La guerre russo-japonaise

Suite à la première guerre sino-japonaise, la Russie oblige le Japon à abandonner Port Arthur – seul port en eau chaude dans le Pacifique – qui reste possession de la Chine, puis elle s'en empare. Elle tire parti de la révolte des Boxers, déclenchée suite à ses prétentions sur la Mandchourie, et commence à tâter le terrain en Corée, pays considéré comme son territoire par le Japon. Ce dernier attaque, à titre préventif, Port Arthur le 8 février 1904, alors que le Transsibérien est sur le point de faciliter le transport des troupes russes par voie ferrée. Le siège dure sept mois, mais le Japon coule la flotte orientale russe et lance ses propres opérations terrestres, notamment la bataille de Moukden en 1905. Lorsque la flotte balte finit par arriver, elle est rapidement coulée pendant la bataille de Tsushima. Confrontée à une révolte interne, la Russie signe un traité de paix, se retire de la Mandchourie, abandonne Port Arthur et reconnaît les prétentions japonaises sur la Corée. Le monde entier est frappé d'étonnement. Au XIXe siècle, la géopolitique est régie par la peur de la Russie, mais dorénavant une puissance non européenne s'avère être un concurrent sérieux. Le Japon se réjouit du résultat mais, au final, surestimera sa capacité militaire lors de la Seconde Guerre mondiale.

Une illustration japonaise contemporaine dévoile les cuirassés russes essuyant le feu des bateaux ennemis pendant la bataille de Port Arthur.

L'exploration polaire

Le passage du Nord-Ouest, franchi par mer pour la première fois par le Norvégien Roald Amundsen en 1906, inaugure la navigation dans les mers arctiques ; la découverte de l'Antarctique en 1820 attise la curiosité. La science et l'orgueil impérialiste favorisent les expéditions vers les deux pôles : la plupart des puissances européennes en organisent au moins une, auxquelles s'ajoutent celles lancées par le Japon et les États-Unis. Les concurrents américains, Frederick Cook et Robert Peary, prétendent être les premiers à avoir atteint le pôle Nord en 1908-1909. L'affirmation de Peary est alors admise, même si elle reste sujette à controverses. L'USS *Nautilus* est le premier sous-marin à propulsion nucléaire à naviguer sous la calotte glaciaire du pôle Nord en 1957-1958. Le capitaine britannique Scott organise plusieurs expéditions dans l'Antarctique, souvent accompagné par son collègue et rival Ernest Shackleton. En 1912, pendant celle du *Terra Nova*, Scott mène un groupe jusqu'au pôle et découvre que le drapeau norvégien y flotte déjà : Amundsen a atteint le pôle plusieurs semaines auparavant. L'équipage de Scott meurt sur le chemin du retour, mais ses membres sont glorifiés comme des héros. Entre-temps, Shackleton devient célèbre pour avoir sauvé l'équipage de *L'Endurance*, condamné à un sort tragique.

La production en série

La propagation des usines accélère les rythmes de production. Des théories sur la fabrication scientifique fleurissent dans les années 1890. Les études sur la productivité de Frederick Winslow Taylor et l'analyse des mouvements filmés par Frank et Lilian Gilbreth accélèrent leur développement. Henry Ford développe le système de chaîne d'assemblage et parvient à réduire le temps de fabrication de son Modèle T de quatorze heures à quatre-vingt-treize minutes. Les ouvriers sont considérés comme les pièces d'une machine servant à fabriquer des voitures, chacun exécutant une tâche unique répétitive. Un système aliénant, même s'il contribue à la sécurité en temps de guerre, empêche les ouvriers d'avoir assez de connaissances pour laisser filtrer des informations. Les Soviétiques tentent de donner au travail ses lettres de noblesse et de l'élever au rang d'utopie, sans grand succès. L'économie américaine repose sur une main-d'œuvre peu qualifiée, fabriquant des produits ciblant un marché inépuisable : la publicité, la mode, l'obsolescence programmée et le plan Marshall sont créés pour stimuler les économies après la Seconde Guerre mondiale, suivis par l'Allemagne puis le Japon qui battent les États-Unis en termes de prix, puis de qualité. La Chine et le Brésil remportent des marchés mondiaux au détriment de leur environnement et des droits des travailleurs.

Les médias de masse

Les lanternes magiques permettant de projeter des images immobiles remontent au début des années 1800, mais pour obtenir l'illusion du mouvement, il est indispensable d'utiliser des supports souples et transparents pour faire défiler les images rapidement. Le celluloïd utilisé dans les cols de chemises s'avère être le matériau idéal : à Lyon, Auguste et Louis Lumière ont recours à des pièces de machines à coudre pour mettre au point une caméra-projecteur portable et ils présentent leurs résultats à des publics qui paient pour les voir. À compter de 1895, ils envoient des opérateurs dans le monde entier pour montrer leurs films et chaque nouveau tournage enrichit leur cinémathèque. Les premiers films sont animés dans un cadre statique et le mouvement de la caméra apporte du dynamisme aux scènes. Rapidement, grâce aux techniques de montage, on peut réaliser des œuvres plus longues et avec plus d'effets. Au XIXe siècle également, des scientifiques recherchent des liens entre l'électricité et le magnétisme : Heinrich Hertz fait jaillir des étincelles à plusieurs mètres de distance. Guglielmo Marconi a ensuite recours à une antenne à long fil en guise de câble pour reproduire l'effet sur de plus grandes distances. Les ingénieurs mènent bientôt des expériences en émettant des sons transportés sur des ondes modulées ; en 1906, la veille de Noël, la musique radiodiffusée voit le jour. L'arrestation en 1910 du Dr Crippen, criminel capturé grâce aux transmissions en morse navire-côte, marque les esprits, mais l'ère de la radio commence véritablement après le sauvetage de sept cents passagers du *Titanic* en 1912 grâce à l'appareil conçu par Marconi. Lee De Forest invente la lampe triode capable d'amplifier un signal électrique. Les fabricants vendent des kits domestiques et créent des sociétés qui diffusent des émissions de divertissement et des informations. Philo Farnsworth et Vladimir Zworykin mettent au point les premiers systèmes de diffusion des images, mais l'Écossais John Logie Baird suscite l'intérêt du public avec son dispositif semi-mécanique. En 1936, la British Broadcasting Corporation (BBC) compare le système de Baird et la méthode entièrement électronique d'EMI, qui ressemble étrangement à celle de Farnsworth, la dernière étant plus facile à adapter. L'Allemagne nazie dispose d'un réseau câblé géré par l'État, relayant les divertissements et les Jeux olympiques de 1936 auprès des cinémas plutôt que d'autoriser un usage domestique. L'Amérique expérimente le câble lors de la Foire internationale de 1939, dispose de la télévision commerciale en 1941 et des transmissions d'images en couleur dès les années 1950. La possibilité de voir les images des événements en direct, éventuellement via les satellites, confère une importance encore plus grande aux apparences : les loisirs deviennent plus lucratifs que l'industrie lourde et l'anglais la langue la plus parlée du monde.

Le canal de Panama

Les avantages économiques d'un canal reliant le Pacifique à l'Atlantique via l'isthme étroit en Amérique centrale sont évidents. L'Américain William Walker tente de conquérir le Nicaragua dont il se proclame brièvement Président, interrompant ainsi les plans de Cornelius Vanderbilt qui visaient à y construire un canal. La Colombie possède un territoire dans une autre région prometteuse pour l'emplacement d'un canal, le Panama actuel, et autorise la France à y mener un projet de construction. Toutefois, le manque de technologies adéquates et d'hommes entraîne des pertes humaines et financières considérables.

Sous le président Theodore Roosevelt, glorifié pour ses états de service pendant la guerre hispano-américaine, les États-Unis estiment qu'ils peuvent mieux faire. En 1903, ils parrainent la sécession du Panama de la Colombie, provoquant la colère de cette dernière, puis s'emparent de la région et imposent leur protectorat. Le canal est terminé en 1914 et constitue l'un des plus grands projets d'ingénierie du monde. Cet événement marque aussi la première des nombreuses interventions au cours de ce siècle du gouvernement américain dans la souveraineté sud-américaine (voir « Allende »).

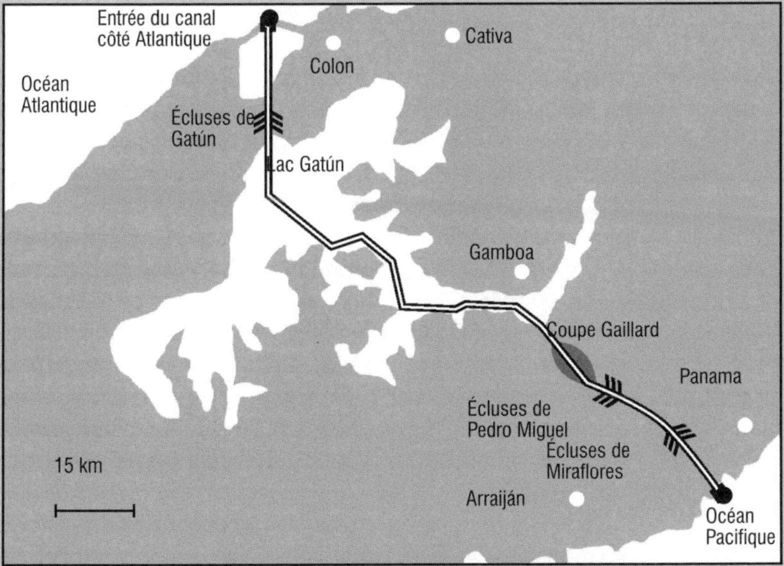

Le canal de Panama s'étend sur soixante-dix-sept kilomètres : il traverse l'isthme de Panama, relie le Pacifique à l'Atlantique et réduit les routes commerciales de façon spectaculaire.

La Première Guerre mondiale

Les États balkaniques chassent les Ottomans d'Europe et la Serbie se voit attribuer la meilleure part du gâteau. Suite à l'assassinat de l'archiduc Franz Ferdinand par un nationaliste serbe le 28 juin 1914, l'Autriche-Hongrie des Habsbourg, toute proche, déclare la guerre. La Russie, l'autre puissance dominante dans la région, mobilise son armée en prévision de l'opportunisme austro-hongrois ; quant aux Ottomans, ils rejoignent les Puissances centrales, à savoir l'Allemagne et l'Autriche-Hongrie. L'Allemagne, qui espère se tailler un empire, planifie une guerre sur deux fronts depuis l'époque de Bismarck. Elle envahit rapidement la Belgique et entame sa marche pour pénétrer en France ; cette dernière s'allie avec la Russie et la Grande-Bretagne, formant la Triple Entente. Tout le monde pense que la guerre sera brève, mais lors de l'armistice de novembre 1918 on recensera environ seize millions de morts.

Il s'agit de la première guerre industrielle : la technologie militaire moderne fait partie intégrante du conflit, sous la forme de tanks, sous-marins, fils barbelés, gaz de combat, mitrailleuses et avions. Dans un premier temps, la tactique des Allemands est couronnée de succès, mais leur avancée est arrêtée avec la bataille de la Marne, en lisière de

Paris ; le front occidental stagne pendant quatre ans, s'enlisant dans une guerre des tranchées. Les Puissances centrales prospèrent à l'est. L'incompétence de l'état-major russe ouvre la voie à de nombreuses victoires allemandes et conduit finalement au retrait de la Russie suite à la révolution d'Octobre. La marine britannique domine et impose un blocus continental : la bataille de Jutland en 1916 entraîne l'affaiblissement de la flotte de surface allemande. Les initiatives navales de l'Allemagne se limitent aux sous-marins qui barrent le passage aux navires britanniques, obligeant la Grande-Bretagne à instaurer des mesures de rationnement en 1917. Les Alliés, notamment la Grande-Bretagne et ses colonies, tentent de percer un nouveau front à Gallipoli, à proximité de la Crimée, dans le but de bloquer les Ottomans. L'offensive allemande à Verdun en 1916 échoue, faisant des millions de morts en quelques jours. Les Allemands battent en retraite vers les positions défensives de la ligne Hindenburg en 1917. Woodrow Wilson est réélu président des États-Unis suite à sa promesse de tenir le pays à l'écart du conflit. Or, des attaques sous-marines en aveugle et le télégramme Zimmerman, invitation adressée au Mexique pour qu'il rejoigne les Puissances centrales, précipitent en 1917 l'Amérique dans la guerre. Elle est en perte de vitesse après une dernière offensive allemande au printemps 1918. Le traité de Versailles est parfois perçu comme marquant une pause de vingt-cinq ans, avant la reprise des hostilités avec la Seconde Guerre mondiale.

Gallipoli

Alors que les Ottomans rejoignent l'Allemagne pendant la Première Guerre mondiale, les possessions britanniques et françaises comme la Mésopotamie et le canal de Suez sont très vulnérables. Aux yeux de la Triple Entente, l'ouverture du détroit des Dardanelles reliant la Méditerranée et la mer Noire vise à protéger les navires russes à Odessa et offre la possibilité de prendre Constantinople, idéalement avec une campagne navale. Or le mauvais temps et les mines entravent ce projet. En avril 1915, des forces d'invasion se rassemblent en Égypte, la plupart françaises et britanniques, avec une division irlandaise, renforcées par les corps d'armée australien et néo-zélandais et les troupes indiennes. Les premiers assauts donnent lieu à des revers ottomans, mais la campagne se termine dans une impasse. Les forces armées anglo-françaises se retirent pour attaquer la Grèce après l'alliance de la Bulgarie aux Puissances centrales. Le nombre de morts et de blessés ottomans et britanniques est considérable, les corps d'armée australien et néo-zélandais subissent des pertes disproportionnées ; la politique australienne subit les répercussions de cette situation. La défaite entraîne la chute du gouvernement britannique et déclenche de nouveaux combats sur d'autres territoires ottomans. Néanmoins la Russie se désengage de la guerre après la révolution d'Octobre.

L'insurrection de Pâques

À la fin du XIXe siècle, les partis politiques britanniques envisagent un *home rule* pour l'Irlande, autonomie interne limitée ouvrant une réelle perspective à l'indépendance. Des protestants du nord mécontents lèvent des milices et menacent de lancer une révolte armée. Toutefois, malgré cette déclaration, une délégation de pouvoirs restreinte est accordée en 1914, mais elle est suspendue lorsqu'éclate la Première Guerre mondiale. Les milices protestantes provoquent une militarisation analogue parmi les nationalistes irlandais, armés par l'Allemagne. Une insurrection débute le lundi de Pâques 1916, avec la prise de bâtiments stratégiques à Dublin et des coups de feu tirés sur des policiers non armés. La loi martiale est déclarée, alors que sévissent des pillages, et un officier britannique exécute sommairement des non-combattants. Le samedi suivant, jour de reddition des rebelles, des pilonnages et des fusillades provoquent plus de cinq cents morts et des milliers de blessés. Quinze personnes sont exécutées pour trahison, des milliers d'autres internées. Deux ans plus tard, l'Armée républicaine irlandaise (l'IRA) est créée et la guerre est déclenchée en 1919. La Grande-Bretagne, exsangue, propose un traité fondant l'État libre d'Irlande, mais ne bénéficiant pas d'une indépendance totale. Le nouvel État est englué dans la guerre civile jusqu'en 1923.

Des foules s'amassent à l'extérieu
de la Bread Company à Dublin
sérieusement endommagé
pendant l'insurrection

La révolution d'Octobre

Une tsarine d'origine allemande, des millions de morts et de blessés dans une guerre impopulaire et des grèves généralisées favorisent la révolte en Russie, y compris dans l'armée. Nicolas II, dernier tsar de Russie, de la dynastie des Romanov, est contraint d'abdiquer en février 1917. Un gouvernement provisoire est créé, qui poursuit le combat contre l'Allemagne. Toutefois, les bolcheviks, communistes sous les ordres de Vladimir Lénine, connaissent une popularité croissante à la faveur des luttes politiques en cours ; parallèlement, plusieurs révoltes et une tentative de coup d'État militaire affaiblissent le pouvoir central. En octobre, si l'on se réfère à l'ancien calendrier russe, en novembre pour les autres, les armées bolcheviks s'emparent du Palais d'hiver, siège du gouvernement : l'événement se déroule presque sans aucune effusion de sang. Le Congrès des Soviets arrive au pouvoir, et les Romanov sont exécutés l'année suivante. En mars 1918, le traité de Brest-Litovsk offre à la Russie la possibilité de se retirer de la Première Guerre mondiale, mais cette dernière doit en payer le prix. La guerre civile débute pour de bon suite à l'offre de troupes et d'aide des puissances occidentales aux Russes blancs, troupes anticommunistes, pour combattre l'armée rouge russe. La résistance se poursuit jusqu'en 1922, date de la création officielle de l'Union soviétique (l'URSS).

Lénine, au centre, entouré de chefs soviets, à Moscou, réunis à l'occasion du deuxième anniversaire de la révolution d'Octobre.

La pandémie de grippe espagnole

La pandémie de grippe espagnole, la plus sévère depuis la peste noire, a fait au moins cinquante millions de victimes, plus que les blessés et les morts de la Première Guerre mondiale ou les malades décédés du sida. Les malades se comptent aussi en millions. D'origine incertaine, elle doit son nom de « grippe espagnole » à la presse en Espagne qui, sans aucun fait de guerre à relayer, le pays étant resté neutre, couvre abondamment l'événement. Elle se propage rapidement dans les tranchées insalubres de la Première Guerre mondiale. Le nombre de morts résulte en partie d'une forte virulence ; à la différence d'une grippe normale, cette mutation semble plus avoir touché les individus jeunes et en bonne santé, comme les soldats, que les personnes âgées ou les enfants. L'amélioration des communications mondiales, notamment les mouvements de troupes, la propage rapidement dans le monde entier, dans les Indes britanniques par exemple, avec plusieurs vagues différentes jusqu'en 1920 ; puis la souche s'éteint. Les Américains soupçonnent une guerre biologique fomentée par les Allemands ; les Puissances centrales sont très affaiblies par le nombre de morts et de blessés. Mais, la rapidité même de la pandémie a également contribué à la faire oublier tout aussi vite.

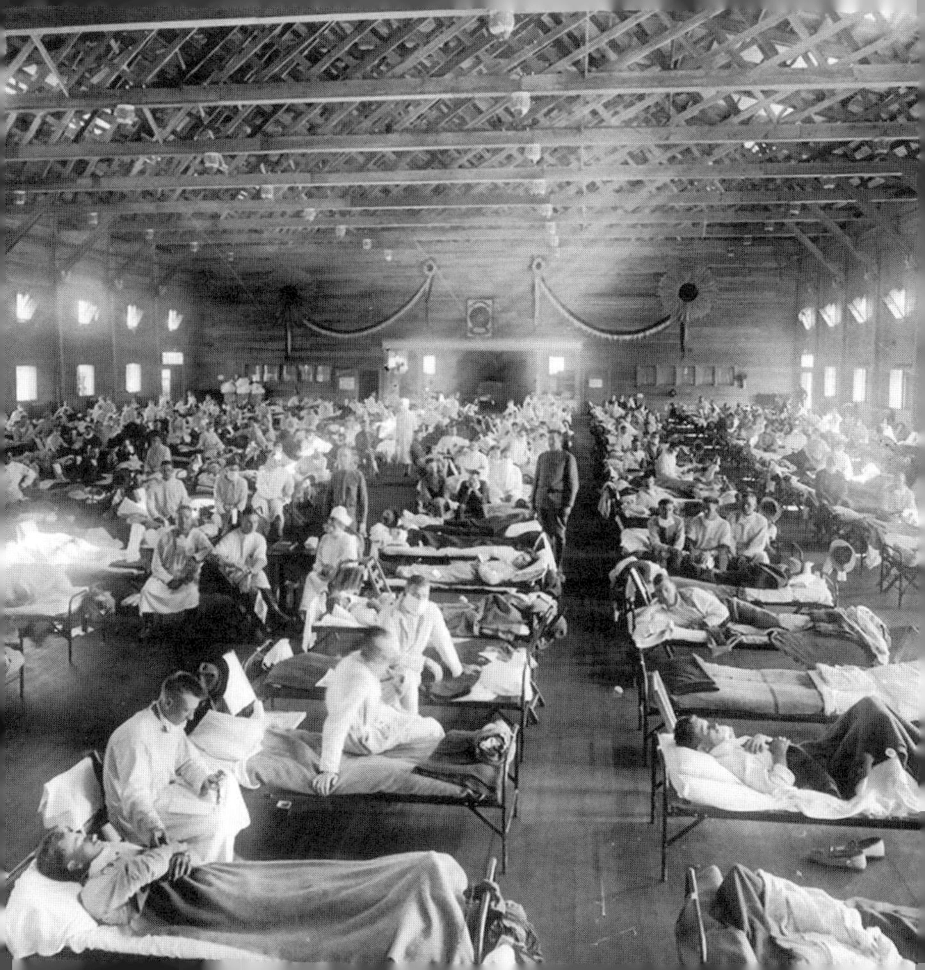

Le traité de Versailles

Paris, 1919 : suite à la Première Guerre mondiale, une légation internationale redessine la carte de l'Europe, amputant l'Allemagne de son ancien territoire au profit d'autres pays, notamment la région tchèque des Sudètes, les zones contiguës à la Pologne et les colonies d'outre-mer. Une clause rejette le blâme de la guerre sur l'Allemagne et ses alliés. L'Autriche, première nation belligérante, n'est plus que l'ombre d'elle-même. Les termes du traité incluent le paiement de lourdes indemnités de guerre, les limitations du pouvoir militaire et l'interdiction de réarmement. Ces mesures irritent fortement l'Allemagne et ruinent son économie. Par la suite, Hitler s'en servira pour justifier ses actions. Au vu de l'état d'esprit qui prévaut, ce carnage, d'une durée totale de quatre ans, n'a pas eu lieu pour rien : « la Der des Ders » doit susciter un engagement mondial en faveur du maintien de la paix. La nouvelle Société des nations se réunit pour la première fois en 1920. Toutefois, le président des États-Unis Woodrow Wilson ne réussit pas à convaincre sa propre nation de la rejoindre, alors qu'il en est le principal promoteur et, dès le début, son chemin est semé d'embûches. Dans les années 1930, la guerre sino-japonaise, l'Abyssinie et la guerre d'Espagne témoignent de l'incapacité de cet organisme. Les Nations unies lui succèdent après 1945 et s'avéreront plus crédibles.

États nouveaux ou successeurs créés en vertu du traité de Versailles.

Mustafa Kemal Atatürk

L'Empire ottoman subit un long déclin : les Balkans se rebellent en 1875, la Russie envahit à nouveau ces derniers en 1877 et plusieurs États sont conquis par l'Autriche-Hongrie ou proclament leur indépendance lors du congrès de Berlin. L'Égypte est déjà en grande partie autonome depuis un siècle avant son occupation par la Grande-Bretagne en 1882. En 1908, la jeune Révolution turque renverse le sultan. Un révolutionnaire, Kemal Atatürk (1881-1938), s'illustre comme grand général pendant la Première Guerre mondiale et la guerre d'indépendance turque qui s'ensuit après la partition de l'empire et l'occupation de Constantinople par les Alliés. Les réfugiés ottomans s'enfuient en Anatolie, qui devient le pivot de la nouvelle République turque en 1923, avec Atatürk pour Président. Ce dernier modernise le pays selon des lignes nationalistes ; il rebaptise Constantinople qu'il nomme Istanbul, interdit les tribunaux de charia et le port du fez, mais pas le hijab. Le sultanat est aboli. Un gouvernement laïc est instauré : il donne le droit de vote aux femmes, impose l'alphabet latin et établit un système d'enseignement public. Sa neutralité pendant la Seconde Guerre mondiale protège le pays ; quant au gouvernement laïc, démocratique, il s'avère résilient.

Staline

Suite à la révolution d'Octobre, Lénine devient le président de l'Union des républiques socialistes soviétiques (URSS) jusqu'à sa mort en 1924. Il préconise la destitution de Joseph Staline (1879-1953), secrétaire général du parti communiste ; or, celui-ci échappe à une telle mesure et, après des luttes politiques, exile en 1929 son rival Léon Trotski, qui sera assassiné en 1940. Il réduit au silence l'opposition, envoie les dissidents en exil dans les camps de travail sibériens, organise des purges répétées au sein de l'armée, qui affaiblissent son état-major, et met en scène des procès spectacles à grande échelle. Son programme d'industrialisation porte notamment sur les délocalisations en masse vers de nouvelles villes reculées. Les tentatives de modernisation de l'agriculture s'avèrent catastrophiques ; la collectivisation des fermes dans les années 1930 et la mise en pratique de théories génétiques erronées conduisent à affamer des millions de personnes. La préférence de l'Occident pour l'Allemagne comme rempart contre l'URSS est un élément déterminant de l'Annexion. Inversement, suite au pacte conclu entre Hitler et Staline, ce dernier est mal préparé pour faire face à une attaque allemande. Ancien allié de Roosevelt et Churchill, il maintient l'URSS et étend considérablement sa sphère d'influence après la guerre.

La grande dépression

Le krach boursier de Wall Street en 1929, analogue à la bulle financière de la Compagnie des mers du Sud, provoque une onde de choc après une décennie de prospérité américaine fondée sur la production en série. Les politiques économiques ambitieuses du président Herbert Hoover et la suppression laxiste des contrôles bancaires en sont à l'origine ; les fermes sont touchées par la fermeture des banques, et le *Dust Bowl* porte un autre coup terrible. Un quart des ouvriers sont au chômage et beaucoup se retrouvent dans des bidonvilles baptisés *Hoovervilles*. En 1933, le nouveau président, Franklin Roosevelt, lance le *New Deal,* programme qui vise à créer des emplois et à initier des réformes sociales, pierre angulaire d'initiatives gouvernementales modernes comme la sécurité sociale. Les économies européennes, fragilisées par la Première Guerre mondiale, s'effondrent. En Allemagne, suite à l'inflation, il faut une brouette de billets pour acheter une miche de pain. La Grande-Bretagne dévalue sa monnaie, mais réussit à reconstruire son économie grâce à l'action des syndicats et au soutien de citoyens plus aisés ; postes de radio, voitures et cinéma stimulent la croissance. Dans toute l'Europe, les démagogues se servent de la crise pour promouvoir une nouvelle philosophie baptisée fascisme, fondée sur l'autoritarisme.

Le *Dust Bowl*

Grâce aux progrès technologiques, notamment l'accès à l'acier bon marché pour la construction de voies ferrées et de charrues robustes, l'Ouest des États-Unis devient de plus en plus attirant pour les colons dans le sillage de la guerre de Sécession. L'élevage du bétail est au départ populaire jusqu'à ce que les clôtures barbelées et le surpâturage fassent se concurrencer fermiers et cow-boys. Le temps pluvieux qui règne au XIXe siècle pousse les fermiers à utiliser toutes les terres possibles : ils labourent sur des prairies qui contribuent à retenir l'humidité et arrachent les arbres. La sécheresse commence à sévir en 1930, et les champs arides s'érodent rapidement. Au cours des années suivantes, des tempêtes de poussière détruisent les terres arables fertiles sur tout le Texas et l'Oklahoma. Le 14 avril 1935, surnommé « le dimanche noir », des tempêtes de poussière déferlent sur tout le continent américain, ce qu'un rédacteur en chef de journal baptise *Dust Bowl* (« Bassin de poussière »). L'agriculture est incapable d'atténuer le choc de la grande dépression. Des millions de fermiers perdent leurs terres et se réfugient en Californie ou en Floride. Le Congrès vote une loi préconisant la sauvegarde des sols. L'économie américaine se redresse uniquement dans les années 1940, période marquée par le retour des pluies et l'entrée du pays dans la Seconde Guerre mondiale.

La guerre d'Espagne

L'avènement de la guerre par procuration remonte à avant la Guerre Froide, lorsqu'un pays a été sur le point de devenir communiste (voir « Mao »). L'Espagne abolit sa monarchie suite aux élections démocratiques en 1931. Or, une tentative de coup d'État en 1936 constitue le point de départ d'un conflit brutal qui provoquera des centaines de milliers de victimes. L'Allemagne soutient le camp nationaliste fasciste, procatholique, et la Russie prend fait et cause pour la gauche républicaine. Les démocraties occidentales restent officiellement en dehors des hostilités. Toutefois, des personnalités viennent apporter leur appui aux deux camps, notamment des écrivains comme Orwell, Hemingway, Auden et beaucoup d'autres, qui témoignent du repli sur elle-même de la Brigade internationale de la République. L'Allemagne envoie des *Stukas*, bombardiers qui terrifient les états-majors occidentaux et inspirent le tableau de Picasso dépeignant la destruction de Guernica. En 1939, les nationalistes remportent la victoire. Le chef des nationalistes Francisco Franco devient dictateur à vie. Il préserve en grande partie la neutralité de l'Espagne pendant la Seconde Guerre mondiale, et une période de reconstruction s'ensuit. À sa mort en 1975, Juan Carlos devient roi et la démocratie est rétablie peu de temps après.

JUNTA DELEGADA DE DEFENSA
DE MADRID
DELEGACION DE PROPAGANDA Y PRENSA

L'Abyssinie

L'Italie unifiée se fait spectatrice du partage de l'Afrique par les autres pays européens. Elle s'approprie la Lybie et plusieurs petits territoires à l'est. Toutefois, elle subit une défaite humiliante lorsqu'en 1896 elle tente de s'emparer de l'Éthiopie, ancien centre de l'Empire abyssin, situé entre l'Érythrée italienne et la Somalie. En 1935, le nouveau dirigeant Benito Mussolini, prenant modèle sur Jules César et fondant un mouvement qu'il baptise fascisme, informe de son intention de finir le travail. Les deux pays sont signataires de la Société des nations et du pacte Briand-Kellogg, qui condamne la guerre entre des pays membres. Hailé Sélassié, empereur d'Éthiopie, compte sur la Grande-Bretagne et la France pour bloquer l'Italie, mais les sanctions s'avèrent inutiles puisque les États-Unis n'ont pas rejoint la Société des nations. L'infanterie, qui combat pieds nus, résiste aux bataillons de chars de Mussolini ; Sélassié place toutes ses ressources dans le financement de son armée car il a foi en la parole de la Grande-Bretagne d'honorer ses obligations en vertu du traité. Toutefois, lorsque l'Italie envoie ses bombardiers, la SDN se révèle inutile. La dévastation de la Mandchourie pendant la guerre sino-japonaise aggrave la situation, encourageant Hitler à délaisser le traité de Versailles. L'Éthiopie est libérée pendant la Seconde Guerre mondiale.

L'annexion des Sudètes

Suite au traité de Versailles, le gouvernement allemand du Kaiser est remplacé par la République de Weimar. Toutefois, en 1930, l'hyper-inflation dévaste l'économie et de nombreux partis marginaux proposent des solutions. Adolphe Hitler (1889-1945) suit l'exemple de Mussolini : il adopte une rhétorique de gauche sur une assise politique fasciste. Après la montée en puissance de son parti nazi, il devient chancelier en 1933. Les nazis désignent de nombreux boucs émissaires pour expliquer la faiblesse de l'Allemagne, notamment les communistes et les Juifs. L'incendie du Reichstag, bâtiment du Parlement, est exploité par Hitler pour accuser les communistes et imposer son pouvoir dictatorial. Il cherche par tous les moyens à récupérer le territoire allemand perdu et s'empare du bassin de la Sarre, alors français, en 1935 et occupe la Rhénanie en 1936. L'Autriche, sa patrie, rejoint l'Allemagne en 1938. Puis, il affirme ses revendications sur les Sudètes, région peuplée de germanophones, désormais intégrée à la Tchécoslovaquie indépendante. La Société des Nations s'avère impuissante. La Grande-Bretagne, la France, l'Allemagne et l'Italie signent les accords de Munich, qui visent à apaiser les tensions et à obliger l'Allemagne à renoncer aux Sudètes. Ce qui n'empêche pas cette dernière d'envahir le reste de la Tchécoslovaquie en 1939.

La Seconde Guerre mondiale

Les chefs d'État européens qui ont fait l'expérience de la Première Guerre mondiale tentent par tous les moyens d'éviter que se répète une telle situation. Ainsi, les ambitieuses puissances de l'Axe, à savoir l'Italie, le Japon et l'Allemagne, bénéficient de concessions. Hitler fait valoir une revendication défendable sur les Sudètes mais, selon le Britannique Neville Chamberlain, aucun dirigeant ne prendrait le risque d'une guerre totale suite à la prise, relativement minime, de la Pologne, alliée de la Grande-Bretagne et de la France. Quand l'Allemagne envahit la Pologne le 1er septembre 1939, Chamberlain a gagné du temps pour se réarmer. La tactique allemande de la *Blitzkrieg*, la « guerre éclair », s'avère efficace. L'URSS, alliée temporaire de l'Allemagne, envahit la Pologne par l'est, initiative aboutissant à la scission en deux du pays. En avril 1940, l'Allemagne s'empare du Danemark et de la Norvège ; cette dernière est une voie de ravitaillement en métaux indispensable. Ces efforts ont pour effet de couler la majeure partie de leur flotte de surface ; les attaques navales suivantes ont pour objectif de harceler les convois des Alliés au moyen d'U-boots, imposant le rationnement qui se poursuit en Grande-Bretagne jusqu'en 1954. La France investit dans l'édification de fortifications, mais les forces armées allemandes contournent la ligne Maginot, traversent la Belgique et l'envahissent.

Les troupes alliées restantes sont évacuées de Dunkerque, la France capitule en juin 1940 et le gouvernement accommodant de Vichy prend le pouvoir. La Résistance, mouvement dirigé par le général de Gaulle, s'organise. L'Allemagne cherche à asseoir sa supériorité aérienne sur la Manche afin d'envahir la Grande-Bretagne. Elle intensifie les bombardements sur les terrains d'aviation anglais et, lors de bataille d'Angleterre, dispose de plus d'avions. Toutefois, ces derniers sont tenus à distance par la Royal Air Force. Entre-temps, Mussolini nourrit de façon inconsidérée les ambitions italiennes à l'égard de l'Afrique et envahit la Grèce. La situation devient compliquée car les ressources de l'Allemagne sont épuisées quand elle envahit l'Union soviétique en 1941. Les Alliés, rejoints par l'Amérique après Pearl Harbor, acculent les Italiens en Afrique, et le général allemand Rommel est battu à la bataille d'El-Alamein en 1942. Après avoir envahi l'Italie en 1943, les Alliés s'emparent de Rome le 4 juin 1944, et Mussolini est exécuté par des partisans italiens. L'heure de la libération sonne deux jours plus tard. Plusieurs vagues d'assauts des forces armées alliées, débarquent en Normandie et consacrent le reste de l'année à reconquérir la France. En décembre, la bataille des Ardennes signe la dernière offensive d'envergure de l'Allemagne ; par la suite, les soldats allemands battent en retraite sur tous les fronts. Alors que les troupes soviétiques entrent dans Berlin, Hitler se suicide le 30 avril 1945 et l'Allemagne capitule neuf jours plus tard. On comptera au total plus de soixante millions de morts.

Stalingrad et Leningrad

La tactique de la *Blitzkrieg* donne aux nazis une victoire rapide sur la France et la Pologne. En dépit du pacte de non-agression germano-soviétique, Hitler envisage d'agir de même envers l'URSS. L'opération Barbarossa est lancée le 22 juin 1941 : les forces armées allemandes reçoivent l'ordre de prendre Moscou et Leningrad (ancienne Saint-Pétersbourg). L'armée russe est déjà affaiblie par les purges militaires commanditées par Staline et la guerre d'Hiver contre la Finlande, alliée de l'Allemagne. Les troupes allemandes encerclent Leningrad en septembre, mais sont redéployées pour participer à l'assaut contre Moscou. Les envahisseurs sont bloqués par l'hiver (comme le fut Napoléon) et échouent à s'emparer de la ville ; c'est la fin des espoirs d'Hitler d'une victoire rapide. Leningrad est assiégée jusqu'en 1944 ; toutefois, une offensive lancée en 1942, visant à s'emparer de Stalingrad (la Volgograd actuelle) et des riches champs pétrolifères du sud finit aussi par avorter après les combats les plus sanglants de la guerre. L'Allemagne est débordée, la capacité industrielle et la conscription soviétiques augmentent. La retraite allemande à Koursk ouvre la voie à la progression des Soviétiques au cours des deux années suivantes. En 1945, ils occupent l'est de l'Allemagne et Berlin ; fait d'une importance cruciale au regard de la guerre froide qui signe la fin du conflit européen.

Pearl Harbor

Lorsque l'Amérique décide de ne pas adhérer à la Société des nations suite au traité de Versailles, elle choisit de suivre la voie de l'isolationnisme géopolitique après la Première Guerre mondiale. Toutefois, alors que le reste du monde est emporté dans le tourbillon de la Seconde Guerre mondiale, le président Franklin Roosevelt persuade le Congrès d'octroyer à la Grande-Bretagne un prêt-bail à titre d'aide et d'installer une flotte à Hawaï pour protéger les intérêts américains. En juin 1941, il signe des décrets destinés à geler les actifs de guerre de l'Axe. Même après que cette aide a été étendue à l'URSS en novembre 1941, l'Allemagne n'aurait rien eu à gagner en entraînant l'Amérique dans la guerre. Il n'en va pas de même pour le Japon, partenaire membre des puissances de l'Axe : quatre-vingt-dix pour cent de son pétrole, ainsi que les importations de minerais nécessaires dans le cadre de l'effort de guerre provenaient auparavant des États-Unis. Les mesures de Roosevelt visant à mettre un terme à ces ravitaillements font que les forces militaristes au service du gouvernement japonais pensent que la meilleure option réside dans l'invasion de l'Indonésie, riche en pétrole, et ils tentent de mettre hors combat rapidement la flotte américaine. L'attaque aérienne du 7 décembre 1941 sur la base militaire américaine de Pearl Harbour à Hawaï prend tout le monde par surprise : même l'ambassade du Japon à Washington décode la déclaration de guerre seulement après le lancement de l'assaut. Les déchiffreurs de codes secrets américains, plus rapides, ne sont néanmoins pas parvenus à donner l'alerte à temps. Deux mille soldats meurent, plusieurs navires de guerre sont coulés, mais aucun porte-avions ne subit ce sort, facteur primordial dans l'immense théâtre des hostilités qu'est le Pacifique. Un public américain outré éprouve soudain le désir de combattre. Les déclarations de guerre allemande et italienne le 11 décembre propulsent les États-Unis sur le devant de la scène européenne. Ces derniers entrent en guerre aux côtés des Alliés en Afrique du Nord en 1942, et le soutien apporté à l'Europe s'en trouve fortement accru par la suite. Dans le Pacifique, le Japon remporte rapidement de nombreuses victoires, contrecarrant les forces armées américaines lors de la bataille de la mer de Corail en mai 1942. Il finit par perdre l'initiative et des navires d'une importance vitale pendant la bataille de Midway. Cependant, il arrache Singapour et la Birmanie à la Grande-Bretagne, zones stratégiquement vitales. Il continue à mener un combat défensif, subissant la perte de la majeure partie de sa flotte dans les Philippines en 1944, jusqu'au moment où, plutôt que de courir le risque d'un grand nombre de morts et de blessés résultant d'une invasion directe des Alliés, les États-Unis lâchent des bombes atomiques sur Hiroshima et Nagasaki en 1945. Le Japon capitule le 15 août 1945, ce qui met un terme définitif à la Seconde Guerre mondiale.

Gandhi et Churchill

Winston Churchill couvre la guerre des Boers et croit voir en l'Empire britannique une *Pax Romana* moderne. À l'inverse, Mohandas K. Gandhi, qui exerce la fonction d'avocat en Inde puis travaille en Afrique du Sud, perçoit l'empire de façon très négative. Après avoir correspondu avec Léon Tolstoï, il élabore le concept de résistance non-violente dans le but de mettre en œuvre le changement politique : il relie la désobéissance civile de Tolstoï aux croyances hindoues et adopte le pagne noué autour de la taille qui sera son signe distinctif. Il se heurte à d'autres activistes indiens qui œuvrent pour l'indépendance, comme Nehru et Bose, et éprouvent une certaine méfiance à l'égard de sa démagogie. Début 1942, suite à la cession de Singapour au Japon, Churchill envoie Stafford Cripps pour négocier avec les dirigeants politiques indiens. Ce dernier propose un statut de dominion après la guerre, analogue à celui en vigueur au Canada et dans l'Irlande de l'entre-deux-guerres. Bose rassemble les prisonniers de guerre indiens à Singapour afin de combattre la Grande-Bretagne. Lors de l'invasion japonaise de la Birmanie, les ravitaillements qui auraient pu nourrir les personnes affamées dans les environs de Calcutta sont détournés sur ordre de Churchill. On recense au moins trois millions de morts, un grand nombre étant imputable à son intransigeance.

L'Holocauste

À partir de 1938, les personnes appartenant aux catégories jugées indésirables selon l'idéologie nazie (tsiganes, homosexuels, handicapés) sont envoyées dans les camps de concentration. Les bolcheviks sont internés et exterminés. Toutefois, la cible principale, tant sur le plan numérique que culturel, reste le peuple juif. L'Allemagne, comme de nombreux pays occidentaux, éprouve un fort sentiment antisémite, nourri par le fascisme. Ce penchant est exacerbé par la pseudoscience qu'est l'eugénisme pour donner naissance à une idéologie portant au pinacle la puissance et la pureté aryennes, valeurs requérant l'anéantissement de toutes les autres races. Suite à l'invasion de l'Union soviétique en 1941, les nazis en viennent à la conclusion que des mesures plus draconiennes s'imposent : c'est la solution finale. Les victimes sont acheminées vers des camps de la mort gardés par les SS de Himmler, puis gazées en masse avec un pesticide inodore, le Zyklon B. Avant la Seconde Guerre mondiale, plus de neuf millions de Juifs vivent en Europe, la plupart en Europe de l'Est et en Allemagne. En 1945, les deux tiers ont disparu et le bilan définitif est incertain. Il faut attendre la fin de la guerre et les journalistes qui accompagnent les troupes libérant Auschwitz et Buchenwald pour que l'Occident prenne connaissance de toutes les horreurs de l'Holocauste.

Hiroshima et Nagasaki

Il est généralement admis que la fission de l'atome permet de libérer une grande quantité d'énergie. En 1933, Leó Szilárd modélise le fonctionnement des réactions en chaîne nucléaires requises. Pacifiste, il craint que les nazis parviennent les premiers à développer une telle arme. Il se joint à Albert Einstein pour convaincre le président Roosevelt de financer le projet Manhattan, dirigé par Robert Oppenheimer et mené à l'échelle internationale. L'ère atomique voit le jour avec l'essai Trinity, réalisé le 16 juillet 1945 au Nouveau-Mexique. Roosevelt meurt, laissant sur son bureau la proposition d'Einstein d'effectuer un essai sur une île déserte et intimant aux puissances de l'Axe de capituler. Son successeur, Harry Truman, décrète qu'une utilisation directe de la nouvelle arme permettrait une conclusion plus rapide de la guerre du Pacifique et démontrerait la supériorité de la puissance américaine sur les Soviétiques. Les bombes sont lâchées sur les villes japonaises d'Hiroshima et de Nagasaki les 6 et 9 août, provoquant la mort d'au moins deux cent mille personnes et la reddition du Japon le 2 septembre. Même si le secret a été bien gardé, l'URSS possède sa propre bombe atomique dès 1949. Jusqu'à leur dernier jour, Einstein, Oppenheimer et d'autres scientifiques feront campagne contre la prolifération des armes nucléaires.

La partition de l'Inde

Depuis la Première Guerre mondiale, la question ne porte pas sur une éventuelle indépendance de l'Inde, mais sur les moyens de l'instaurer. Face aux demandes du président américain Truman d'un remboursement immédiat des prêts consentis pendant la guerre et la démission de Churchill, la Grande-Bretagne ne peut plus subvenir aux besoins de son empire colonial. Nehru et Gandhi réclament un État unifié, mais la population musulmane minoritaire, craignant un génocide par la nation hindoue, exige la partition de l'Inde. Le plan de Curzon en 1905 lance l'idée d'un Pakistan musulman, mais les Sikhs sont concentrés dans le Pendjab, État du nord à majorité musulmane, notamment dans les environs de Lahore et d'Amritsar. Lord Mountbatten, cousin populaire du roi George VI, est imposé comme dernier vice-roi de l'Inde alors que débute le retrait des troupes britanniques. L'indépendance est fixée au 15 août 1947 et au 14 août pour les territoires pakistanais, dont le Bangladesh moderne. Les frontières sont délimitées en fonction des populations ainsi que de l'emplacement des fleuves et des voies ferrées. Si elles avaient été annoncées plus tôt, les massacres auraient pu être évités. Des gangs « nettoient » les villes cosmopolites, dont Lahore ; la partition de l'Inde entraîne l'exode de 15 millions de réfugiés et la mort d'un million d'entre eux.

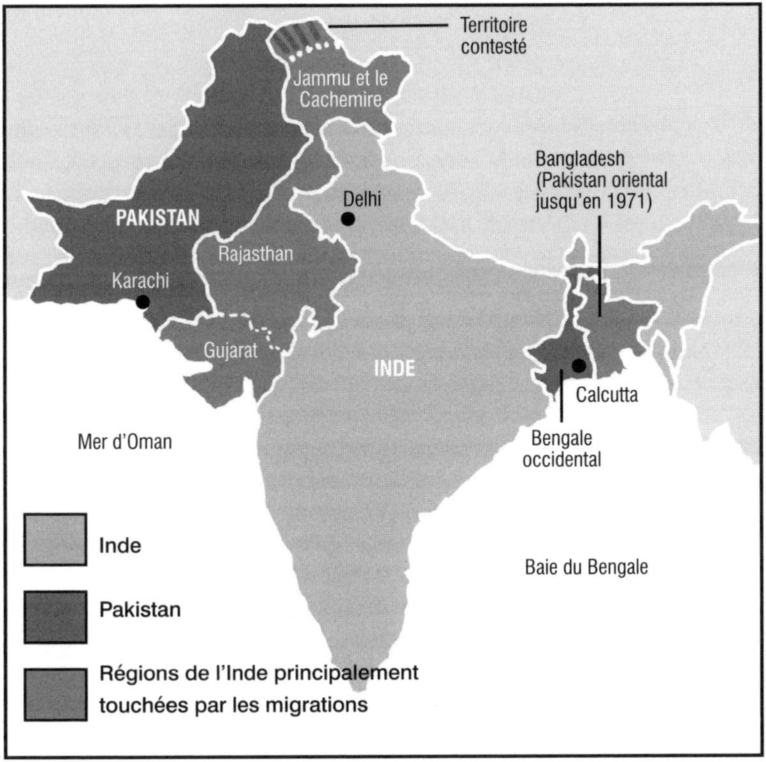
Territoire
contesté
Jammu et le
Cachemire
Bangladesh
(Pakistan oriental
jusqu'en 1971)
Delhi
PAKISTAN
Rajasthan
Karachi
Gujarat
INDE
Calcutta
Mer d'Oman
Bengale
occidental
Inde
Pakistan
Baie du Bengale
Régions de l'Inde principalement
touchées par les migrations

Israël et la Palestine

Le soutien à la création d'une patrie juive en Israël est une idée qui s'est renforcée tout au long du XIXe siècle dans les pays européens et parmi la diaspora juive. Après la Première Guerre mondiale et la dissolution de l'Empire ottoman, la Grande-Bretagne prend le contrôle de la Palestine et provoque la colère d'une population arabe qui avait espérait tellement son indépendance. Le territoire situé au-delà du Jourdain est finalement réservé aux Arabes (en réalité toujours sous domination britannique). Dans les années 1930, la Grande-Bretagne s'efforce de maintenir son emprise : elle limite l'immigration des dizaines de milliers de Juifs qui fuient l'Europe. Toutefois, les Arabes se révoltent en 1936 et, au début de la Seconde Guerre mondiale, l'armée britannique a tout juste réprimé la rébellion. La Transjordanie accède à son indépendance et prend le nom de Jordanie en 1946; parallèlement, la répulsion à l'égard de l'Holocauste conduit les Nations unies à appuyer la création d'Israël en 1947. Des centaines de milliers d'Arabes expulsés de la région deviennent des réfugiés. Lors du retrait des Britanniques en 1948, les nations environnantes, fédérées sous l'appellation de « Ligue arabe », attaquent Israël. Malgré l'intervention des Nations unies, la guerre se poursuit jusqu'en 1949. Israël l'emporte et est bientôt submergé de colons juifs du monde entier.

מדינת היהודים
JEWISH STATE
EWISH STATE

Mao

Affaiblie par la révolte des Boxers, la dynastie chinoise Qing s'éteint en 1911. Sun Yat-sen, révolutionnaire de longue date, devient président d'une République jusqu'à ce que le commandant de l'armée Yuan Shikai le force à s'exiler. Une situation chaotique s'ensuit, mais après la mort de Shikai, Sun rentre en Chine pour préconiser l'unification du pays. Ses partisans forment un parti nationaliste, le Kuomintang, et mènent avec succès une campagne militaire, l'Expédition du Nord, entre 1926 et 1928. Après la mort de Sun, Tchang Kaï-chek devient le chef du parti. Soucieux de conserver le soutien financier des capitalistes à Shanghai, il décrète des purges entraînant des milliers de morts parmi les communistes. La guerre civile éclate à nouveau, et un ancien étudiant révolutionnaire, Mao Zedong (1893-1976), devient un chef militaire clé de l'opposition. La guerre sino-japonaise impose une forme de coopération entre les factions rivales, mais le conflit reprend après la reddition du Japon. Les communistes promettent des terres au peuple et finissent par conquérir le pays. Le maoïsme diffère du marxisme-léninisme, il privilégie l'agriculture par rapport à l'industrie. Mao proclame la République populaire de Chine en 1949 : pour cimenter son pouvoir, il recourt aux exécutions en masse et aux camps de travaux forcés ; les membres restants du Kuomintang s'enfuient à Taïwan.

毛泽东
MAO ZE DONG

Le pont aérien de Berlin

Immédiatement après la Seconde Guerre mondiale, l'Allemagne est divisée en deux blocs : les Soviétiques s'emparent de la partie est et exigent de sévères réparations. Berlin se trouve dans cette zone, mais elle est elle-même répartie entre les différents alliés. Lorsque la France, les États-Unis et la Grande-Bretagne réunifient leurs territoires pour créer la République fédérale (l'Allemagne de l'Ouest) en juin 1948, Staline coupe tous les accès terrestres à Berlin Ouest. La ville est ravitaillée par un pont aérien grâce auquel plusieurs milliers de tonnes de marchandises sont larguées par avion tous les jours pendant onze mois avant que Staline ne se laisse fléchir. Les autres puissances perçoivent leur allié ponctuel comme une nouvelle menace et créent l'Organisation du traité de l'Atlantique Nord (OTAN), initiative marquant le début de la guerre froide. L'Allemagne de l'Ouest, revigorée, devient un pivot des échanges commerciaux, vital à l'économie européenne. En 1962, Khrouchtchev, premier secrétaire du parti communiste de l'Union soviétique, approuve la construction d'un immense mur pour isoler Berlin Ouest. La ville devient un aimant attirant artistes, chefs d'entreprise et une pépinière d'espions. La démolition du mur par des manifestants en 1989 annonce l'effondrement imminent de l'Union soviétique.

La Corée

Après la fin de la Seconde Guerre mondiale, les États-Unis et l'URSS prennent le contrôle des régions ravagées incapables à leurs yeux d'autonomie ; et elles décident de diviser leur territoire, comme le pont aérien de Berlin. La Corée a été une nation indépendante pendant des siècles, jusqu'à son annexion par le Japon peu après la première guerre sino-japonaise. Dean Rusk, diplomate américain, suggère une division arbitraire de la Corée le long du 38ᵉ parallèle, l'URSS contrôlant la moitié nord et les États-Unis gouvernant la moitié sud. Les deux pays installent des gouvernements respectueux de leurs idéologies politiques et ne tardent pas à entrer en conflit, provoquant l'invasion par la Corée du Nord communiste de la Corée du Sud en 1950. Les États-Unis et l'Europe envoient des troupes pour soutenir le Sud, la nouvelle République populaire de Chine de Mao dépêche des hommes dans le Nord, ce qui, en 1953, aboutit à un armistice par épuisement. La guerre se solde par la mort de trois millions de personnes, surtout coréennes, et la création d'une zone démilitarisée aux contours plus ou moins calqués sur le même parallèle choisi au début des hostilités, les mêmes de nos jours. Cet épisode montre l'incapacité des Nations unies à imposer la paix, mais constitue également le premier des nombreux conflits par pays interposés se déroulant au cours de la guerre froide.

L'Indochine

Huang, roi du Cambodge, sollicite l'aide de Napoléon II pour contrecarrer l'impérialisme vietnamien et thaïlandais. Plus tard, la Thaïlande monte les impérialismes les uns contre les autres. La Grande-Bretagne lutte pour conserver la Birmanie mais, à partir des années 1860, le Vietnam, le Laos et le Cambodge deviennent des protectorats français. En 1946, la France tente d'imposer à nouveau sa protection, initiative qui n'a d'autre effet que d'amener le révolutionnaire communiste Hô Chi Minh à proclamer la République démocratique du Vietnam au nord du pays. Parallèlement, le sud, anticommuniste, demande l'aide française. La première guerre d'Indochine se déroule de 1946 à 1954, avec pour corollaire le retrait de la France après la bataille de Diên Biên Phu. Les États-Unis, occupés en Corée, fournissent une aide financière et envoient des conseillers militaires. La Conférence de Genève suggère une division temporaire du Nord et du Sud, et l'organisation d'élections libres ultérieurement. Toutefois, Ngo Dinh Diem a recours à la fraude pour gagner l'élection dans le Sud et s'impose comme dictateur jusqu'à son assassinat en 1963. Les combats reprennent et le Sud fait appel à l'aide américaine. Le Viêt Minh, organisation regroupant des insurgés sudistes, mène des guérillas couronnées de succès et est finalement soutenu par le Vietnam du Nord.

La révolte des Mau Mau

Sous l'Empire britannique, le Kenya devient la patrie de nombreux colons européens. Une société secrète, les Mau Mau, est créée en 1947 ; il s'agit d'un mouvement ethnique s'ancrant dans la tribu Kikuyu et visant à chasser les colonisateurs. Au début, les cambriolages et incendies criminels sont considérés comme de simples délits ; toutefois, suite à la mort en 1952 du chef Waruhiu, transpercé d'un coup de lance pour avoir osé les condamner, Sir Evelyn Baring, gouverneur général, déclare un état d'urgence. Jomo Kenyatta, chef nationaliste (voir photo ci-contre), accusé de complicité, est arrêté. L'assassinat d'une famille blanche en 1953 pousse les Européens à créer leurs propres milices. En 1955, Baring propose une amnistie, mais l'offre est retirée suite au meurtre de deux écoliers blancs. Environ soixante-dix mille suspects sont jetés en prison et dix mille personnes sont officiellement tuées par les forces armées britanniques en janvier 1956. Le recensement des atteintes aux droits de l'Homme perpétrées n'est toujours pas terminé à ce jour. En 1959, Baring suspend l'état d'urgence, mais les chefs nationalistes boycottent les négociations tant que Kenyatta, alors âgé de 71 ans, n'est pas autorisé à participer aux élections. En mai 1963, ce dernier remporte la première élection multiraciale et déclare l'indépendance ainsi qu'une amnistie.

La crise du canal de Suez

La France construit un canal reliant la Méditerranée et le golfe Persique, ouvert en 1869. Le Royaume-Uni continue de l'utiliser lorsqu'il entre en possession de l'Égypte, jusqu'au coup d'État en 1952. Le nouveau dirigeant, le colonel Nasser, envisage de nationaliser le canal afin d'en utiliser les recettes pour financer des attaques contre Israël ; parallèlement, il courtise l'URSS. Moshe Dayan, général israélien, lance des incursions en Égypte. La réaction inévitable de Nasser est utilisée pour justifier légalement une expédition punitive anglo-française. La fureur de l'opposition britannique contraste avec le récent acquiescement à l'invasion soviétique de la Hongrie. Anthony Eden, responsable politique britannique, malade et fortement médicamenté, sous-estime aussi la réaction internationale. Le Président des États-Unis Eisenhower, général durant la guerre et collègue du Président de la République française de Gaulle, n'approuve pas l'incursion. Khrouchtchev, premier secrétaire du parti communiste de l'Union soviétique, menace de recourir à des frappes atomiques, même si l'on sait aujourd'hui qu'il n'en avait pas les moyens. Les attaques lancées contre l'Égypte, initialement couronnées de succès, sont stoppées. La France et le Royaume-Uni sont contraints de s'ajuster à la *Realpolitik* post-impériale, mais Nasser n'abandonnera jamais son plan.

La course à l'espace

La possibilité de faire voler une fusée au-delà de l'atmosphère, soutenue par Robert Goddard aux États-Unis et par des passionnés en Grande-Bretagne et en URSS, est développée dans l'Allemagne nazie à des fins militaires. Après la guerre, les nouveaux rivaux de la guerre froide recrutent des experts nazis pour travailler sur le voyage spatial et les missiles à longue portée. Le 4 octobre 1957, les Soviétiques lancent le premier satellite, Spoutnik 1. Outre la propagande, les États-Unis craignent l'apparition de nouveaux missiles et, suite au vol en orbite de Youri Gagarine autour de la Terre le 12 avril 1961, le président Kennedy promet d'envoyer un homme sur la Lune avant la fin des années 1970. Neil Armstrong est le premier à poser le pied sur un autre monde le 20 juillet 1969. Puis l'intérêt pour les expéditions habitées décline : Nixon, assailli par le problème du Vietnam, réduit les financements et la NASA, l'Agence spatiale américaine, concentre ses efforts sur une navette réutilisable proche de la Terre et des sondes inhabitées envoyées vers d'autres planètes. Les satellites météorologiques, de télécommunications et de surveillance rendent l'espace très rentable, et en Occident les sociétés privées dominent désormais. La Russie continue d'organiser des vols habités, la Chine et l'Inde se lancent dans une nouvelle course à l'espace.

Les droits civiques

Après que la Reconstruction cède la place aux lois Jim Crow de la période dorée, pierre angulaire de la ségrégation raciale, le combat pour l'égalité des droits reprend. En tant qu'expression historique, le Mouvement des droits civiques américains incarne la période entre l'arrêt de la Cour suprême « Brown contre le Bureau de l'éducation », déclarant la ségrégation raciale inconstitutionnelle dans les écoles, et l'assassinat de Martin Luther King Jr. en 1968 (ci-contre). Ce dernier acquiert une notoriété pour son rôle dans le boycott des bus de Montgomery, en Alabama, suite au refus de l'activiste Rosa Parks de céder sa place, comme la loi l'exige. Il prêche la non-violence chrétienne et recourt aux procès, sit-in et marches. Malcom X, assassiné en 1965, est une autre figure influente. Au début, il préconise le nationalisme noir, affirmant que l'autodéfense est légitime dans un pays où le Ku Klux Klan assassine les dirigeants du mouvement des droits civiques et les enfants ; en témoigne, de sinistre mémoire, l'attentat à la bombe dans une église à Birmingham, en Alabama, en 1963. La loi de 1964 sur les droits civiques et la loi de 1965 sur les droits de vote mettent explicitement un terme à la discrimination légale, sinon sociale, en 1968.

Cuba d'hier et d'aujourd'hui

Les suites de la guerre hispano-américaine confèrent à Cuba une indépendance apparente, même si l'île reste dans l'ombre des États-Unis. Toutefois, l'amendement Platt de 1901 l'oblige à accepter l'intervention de ces derniers, qui, de plus en plus, interviennent fréquemment et appliquent les codes raciaux. Le sucre devient une culture majeure et les intérêts américains contrôlent peu à peu Cuba. Le sergent Batista conduit une révolte qui l'amène au pouvoir à partir de 1933. Fidel Castro lance plusieurs tentatives de révolution dans les années 1950 et finit par promulguer un État socialiste en 1959, rapidement à parti unique. Les riches Cubains s'enfuient en Floride ; les États-Unis imposent des sanctions, et conservent une base navale dans la baie de Guantánamo. En 1961, le débarquement de la baie des Cochons, appuyé par Kennedy, est un fiasco. Cuba ayant tissé des liens avec l'URSS, le premier secrétaire du parti communiste Khrouchtchev envoie des bateaux chargés de missiles nucléaires en direction de l'île, comme l'avaient fait les États-Unis vers la Grande-Bretagne et la Turquie. Kennedy menace d'une guerre nucléaire, sauf si les navires rebroussent chemin. Khrouchtchev finit par capituler. Castro gouverne jusqu'en 2008, date à laquelle son frère Raúl lui succède. En 2014, les relations diplomatiques entre Cuba et les États-Unis reprennent et l'embargo américain est assoupli.

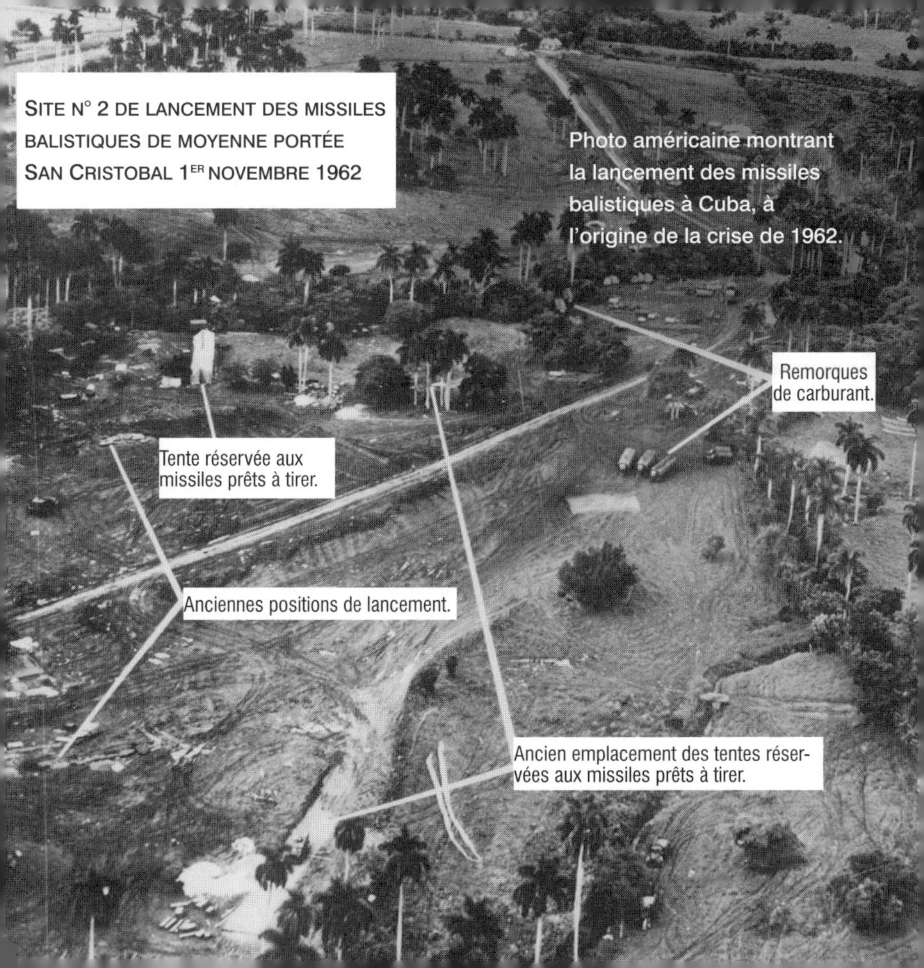

Site n° 2 de lancement des missiles balistiques de moyenne portée San Cristobal 1er novembre 1962
Photo américaine montrant la lancement des missiles balistiques à Cuba, à l'origine de la crise de 1962.
Remorques de carburant.
Tente réservée aux missiles prêts à tirer.
Anciennes positions de lancement.
Ancien emplacement des tentes réservées aux missiles prêts à tirer.

L'environnementalisme

La révolution agricole et la chimie contribuent à nourrir des millions de personnes, mais déstabilisent aussi des cycles naturels complexes. L'ouvrage de Rachel Carson paru en 1962, *Printemps silencieux*, qui décrit l'utilisation incontrôlée des pesticides chimiques, déclenche l'indignation publique et des actions en justice. Quand Apollo 8 renvoie les premières photos de la Terre vue de l'espace à Noël 1968, celles-ci mettent en évidence la fragilité de la planète. Le gouvernement américain crée tardivement l'Agence de protection de l'environnement, en 1970. Les partis verts se multiplient et mènent des combats qui vont des déchets nucléaires aux cultures génétiquement modifiées. En Europe, ils bénéficient d'une représentation électorale restreinte mais significative. Les CFC, composés chimiques industriels, sont responsables de la détérioration de la couche d'ozone qui absorbe une quantité excessive d'ultraviolets. Le protocole de Montréal de 1987 impose leur suppression au niveau international, partiellement en raison des impacts insignifiants sur l'économie. Les scientifiques conviennent que la combustion des énergies fossiles est directement liée au réchauffement de la planète laissant présager des conséquences catastrophiques pour la civilisation. Jusqu'à présent, ces rapports alarmants n'ont rencontré qu'indifférence et inaction généralisée.

Les vents du changement

Le 6 janvier 1960, Harold Macmillan (ci-contre) inaugure la lignée des Premiers ministres britanniques qui se rendent en Afrique subsaharienne en débutant sa visite au Ghana, qui a acquis récemment son indépendance. Suite à la crise du canal de Suez, Macmillan a été nommé à la tête du gouvernement. Alors que les nations africaines acquièrent leur autonomie, il craint une nouvelle partition. Il souligne l'existence d'un « vent de changement » qui balaye le continent et les opportunités qui s'offrent aux nations africaines indépendantes si elles évitent l'isolationnisme ou le soutien à l'URSS. Le 3 février, il tient le même discours au Cap, mais les conséquences sont dramatiques : l'Afrikaner Verwoerd y voit une attaque envers ses politiques raciales et accélère l'apartheid. Au même moment, Ian Smith, homme politique rhodésien, s'enferme toujours plus dans l'isolationnisme : il est relevé de ses fonctions en 1980 et la Grande-Bretagne supervise la transition vers ce qui est maintenant le Zimbabwe. En trois ans, la Somalie, le Nigeria, la Sierra Leone, la Tanzanie et le Kenya deviennent indépendants. Entre-temps, la France a coupé ses liens séculaires avec l'Algérie, abandonnant ses Harkis loyalistes et déclenchant une série d'attaques terroristes : cette erreur française influencera la politique britannique en Ulster et, plus tard, la présence américaine persistante en Irak.

Kennedy

Comme Eisenhower avant lui, John F. Kennedy est un héros de la Seconde Guerre mondiale, élu Président des États-Unis en 1960. Charismatique, au panache éblouissant, fort de brillants états de service, il fait également preuve d'une prestance assurée lors de débats télévisés. Le couple qu'il forme avec son épouse Jacqueline côtoie des vedettes de cinéma et des astronautes. Ils élèvent leurs jeunes enfants dans une Maison-Blanche fréquentée par les célébrités et surnommée « Camelot ». La majeure partie de sa politique internationale porte sur les tensions résultant de la guerre froide, la construction du mur de Berlin en 1961, l'intervention américaine à Cuba – un échec public – et l'aggravation du conflit vietnamien. Parmi les aspects plus positifs de ses actions, citons la création du Corps de la Paix, le développement du programme spatial et la signature avec l'URSS en 1963 du Traité d'interdiction des essais nucléaires. Au plan national, il initie les lois sur les droits civiques. Son assassinat le 22 novembre 1963 choque le monde entier et nourrit de nombreuses théories conspirationnistes. Son successeur, Lyndon Johnson, fait preuve d'habilité dans l'utilisation de son héritage afin de favoriser la législation libérale couvrant les droits civiques, les arts et la Grande Société. De nombreux autres membres de la famille Kennedy s'illustreront dans la politique américaine.

L'apartheid

L'Union d'Afrique du Sud est créée en 1910 : elle promulgue des lois qui imposent aux Noirs l'obligation d'être munis de sauf-conduits en permanence et leur interdisent de voter ou de posséder des terres. Le Parti national arrive au pouvoir en 1948, et sa politique d'apartheid propulse la ségrégation raciale au-delà de toute tentative menée jusqu'alors. Une catégorie, les hommes de couleur, est inventée : elle prive de droits un nombre encore plus important de personnes sur la base de leur mixité raciale.

Le Congrès national africain préconise tout d'abord la résistance passive, mais suite au massacre de manifestants pacifiques en 1960, il adopte une tactique violente. Son chef, Nelson Mandela (1918-2013) est emprisonné en 1963. L'Afrique du Sud est exclue du Commonwealth en 1961, mais les sanctions économiques sont rares jusqu'aux années 1980, époque à laquelle le pays est mis au ban des nations. Un état d'urgence est déclaré en 1985, parmi une résistance noire en expansion constante. En 1990, le président de Klerk commence à démanteler l'apartheid : Mandela est libéré et devient en 1994 le premier président noir élu lors de la première élection libre.

La guerre du Vietnam

Soucieux de restaurer le prestige de l'Amérique après Cuba, le président Kennedy augmente imprudemment le nombre des troupes américaines au Vietnam. Lyndon Johnson déclenche un conflit généralisé et voit, de fait, sa popularité décroître aux États-Unis. La télévision montre la guerre en couleur : la conscription suscite de violentes réactions d'hostilité ; le massacre de Mỹ Lai, au cours duquel des soldats américains tuent et torturent des centaines de civils, horrifie le grand public américain. La Grande Société, programme de réformes élaboré par Johnson, échoue malgré les progrès des droits civiques. Richard Nixon, élu en 1968 alors que les combats s'intensifient, poursuit une guerre de plus en plus impossible à gagner. Le secrétaire d'État Henry Kissinger soutient une théorie des dominos, selon laquelle tout État devenant communiste pourrait contaminer ses voisins, justifiant ainsi le bombardement d'un Cambodge non-aligné. « Une paix dans l'honneur » signifie qu'aucun retrait n'est envisageable avant que l'Amérique n'ait fait ses preuves jusqu'à un certain point (non spécifié). Cependant, alors qu'éclate le scandale électoral du Watergate, Nixon annonce de façon précipitée la fin des hostilités et de nouveaux projets avec l'URSS et la Chine. Saigon tombe aux mains des communistes en 1975 et le Vietnam est unifié l'année suivante.

39

La révolution culturelle

La politique économique chinoise proposée par Mao, le Grand Bond en avant, connaît un échec retentissant et d'autres chefs du parti manœuvrent pour s'assurer une position avantageuse. Pendant les années 1950, un débat limité est toléré, mais en septembre 1965 Lin Pao, allié de Mao, préconise un retour aux valeurs fondamentales et la destruction des hiérarchies. Enseignants, intellectuels et ingénieurs sont envoyés dans des fermes et doivent effectuer des travaux manuels. Des attaques contre l'élitisme, à l'encontre des millénaires de coutumes confucéennes, se répandent et plongent le pays dans la violence ethnique. Les gardes rouges, mouvement composé surtout de jeunes, patrouillent au sein des communautés, identifient les comportements élitistes et coordonnent les actions locales collectives. À son point culminant, en 1968, les violences incluent les attaques d'étrangers et d'ambassades : la révolte des Boxers est une référence, avec au moins un million et demi de morts, et toute une génération se retrouve privée d'un enseignement de base. Déjouer les manœuvres du secrétaire général du parti Liu Shaoqi (destitué en 1968) est le premier objectif de Mao, il se proclame dorénavant chef suprême. Toutefois, après sa mort en 1976, les membres de la Bande des Quatre, sa femme et les acolytes de cette dernière sont arrêtés. Le programme prend fin en 1977.

打碎旧世界
创立新世界
红卫兵

Le Bangladesh

Suite à la partition de l'Inde, deux nations, baptisées Pakistan oriental et Pakistan occidental, sont créées. Le gouvernement est concentré dans l'ouest du pays ; l'est, quasiment comparable à l'ancien sultanat bengali, rassemble la majeure partie de la population mais dispose de peu de pouvoir. La langue et la culture bengalies sont réprimées, au même titre que les minorités hindoues. La ligue séparatiste Aswana remporte les élections de 1970, mais le président Yahya Khan refuse de reconnaître le résultat. Son gouvernement fait preuve d'une mauvaise gestion face au cyclone de Bhola, qui frappe le Pakistan oriental : son isolement et son impopularité ne cessent de grandir. Il lance alors l'opération Searchlight, tentative de génocide et de purge d'intellectuels, entraînant la fuite de millions de personnes vers l'Inde. Le cyclone et les crues ultérieures suscitent des manifestations de sympathie dans le monde entier : la rock star George Harrison organise le premier concert de bienfaisance, et l'opinion mondiale se durcit à l'encontre de Khan. Ce dernier interprète l'accueil de réfugiés par l'Inde comme un acte d'hostilité, qui le conduit à lancer une guerre brève mais désastreuse et à mettre un terme aux massacres perpétrés par ses troupes au Bengale. Le Pakistan oriental devient le Bangladesh en 1971, avec à sa tête le leader d'Aswana, Sheikh Mujibur Rahman.

Idi Amin

L'Ouganda est une nation créée par décret colonial britannique ; au XIXe siècle, quatre royaumes distincts et toutes sortes de tribus vivaient sur son territoire actuel et l'empire avait recours à des milliers de travailleurs indiens. En 1962, Milton Obote est élu Premier ministre d'un Ouganda indépendant et doit faire face à une aggravation des tensions internes. Finalement, avec l'appui de son protégé militaire Idi Amin, il suspend la constitution et abolit les royaumes. Lorsqu'Obote se rend à Singapour en 1971, Amin saisit l'opportunité de le renverser. La Grande-Bretagne, davantage préoccupée par les programmes économiques d'Obote, sous-estime un homme qui se proclame « seigneur de toutes les bêtes de la terre et de tous les poissons de la mer ». En 1972, Amin expulse l'ensemble des soixante mille Asiatiques du pays, dont un grand nombre s'installera en Grande-Bretagne, et il distribue leurs biens aux militaires. Des centaines de millions de personnes sont massacrées. Toutefois, en 1978, sa déclaration de guerre à la Tanzanie se retourne contre lui et l'oblige à s'exiler en Libye. Le retour d'Obote au pouvoir déclenche une guerre civile. Le chef rebelle Yoweri Museveni devient président de la République en 1986 et rétablit les royaumes en 1993.

RADIO

Allende et le Chili

Le Chili avait jusqu'ici été un exemple de progrès démocratique, mais en 1970, il élit Salvador Allende, socialiste antisoviétique. Ses solutions inédites pour remédier à une explosion de l'inflation et du chômage scandalisent le Président des États-Unis Nixon, et la CIA reçoit l'ordre de saper ses efforts. Après avoir consacré sept millions de dollars à la propagande et au projet FUBELT, cette dernière se concentre sur les conditions favorisant la création d'une junte militaire, dirigée par le général Augusto Pinochet, qui s'empare du pouvoir le 11 septembre 1973. À cette époque, Nixon est confronté à une procédure de destitution et à l'arrestation de son vice-président Agnew : le secrétaire d'État Kissinger est *de facto* l'homme fort du pays. On ne connaîtra certainement jamais l'implication réelle des États-Unis dans le prétendu suicide d'Allende, ni les tenants et aboutissants quant à la maladie fatale qui frappa brusquement le poète Pablo Neruda, lauréat du prix Nobel. Les politiques économique et cybernétique d'Allende parviennent presque à stabiliser l'économie, mais Pinochet plonge celle-ci dans le marasme. Les États-Unis n'interviendront plus jamais de façon aussi flagrante et la censure internationale ne sera plus jamais aussi peu présente.

La guerre du Kippour

Le 6 octobre 1973, un samedi, est une nuit de pleine lune et le jour coïncide avec le Yom Kippour juif, le ramadan islamique et la marée basse, et aussi le shabbat chez les Juifs. Quand les forces armées égyptiennes traversent à gué le canal de Suez et reconquièrent le territoire acquis par Israël pendant la guerre des Six Jours en 1967, aucune radio ni télévision israélite ne retransmet l'événement. La mobilisation des moyens de défense, dont les soldats en permission pendant la semaine sainte, est retardée. La Syrie envoie des tanks sur le plateau du Golan. Le président égyptien Sadate restaure la fierté nationale, mais cherche aussi à raviver les pourparlers de paix : le Syrien Assad veut à tout prix la victoire. L'armée de l'air est l'arme principale d'Israël ; mais l'Égypte possède des missiles soviétiques capables d'arrêter ses avions. Donc, les avions à réaction sont davantage utilisés contre la Syrie. Pendant ce temps, les tanks syriens font des haltes attendant des renforts à l'écart de Jérusalem, offrant aux alliés américains d'Israël du temps pour se réarmer. Un cessez-le-feu est déclaré le 24 octobre. Mais les nations arabes, outrées par l'intervention américaine, tirent profit de leur hégémonie en matière de production de pétrole : l'OPEP quadruple ses prix en quatre-vingt-dix jours. L'inflation galopante paralyse l'Europe et les États-Unis sombrent dans la récession.

Pol Pot

Le prince Sihanouk, dirigeant fantasque du Cambodge, dédaigne l'aide américaine et reste à l'écart de la guerre du Vietnam. Au vu du prix élevé du riz vendu de l'autre côté de la frontière, il envoie des troupes pour surveiller les récoltes et éliminer les paysans suspects. Suite à un coup d'État en 1970, des civils vietnamiens sont massacrés dans tout le pays. L'arrivée des forces américaines et sud-vietnamiennes motive les communistes indigènes. En 1973, ces derniers se baptisent « Khmers rouges » et contrôlent toutes les régions du Cambodge susceptibles d'être gouvernées. Kissinger ordonne le bombardement du pays, mais cette initiative ne fait que durcir la résolution des Khmers rouges. Saloth Sâr bénéficie d'une éducation française. Admirateur de Mao et du Siècle des lumières, il adopte le surnom de Pol Pot et réunit en un seul gouvernement le Grand Bond en avant, la révolution culturelle et la Terreur : 1975 marque l'an zéro de ce règne. Les villes se vident et les habitants sont forcés d'aller travailler dans les campagnes. On recense des millions de morts, conséquence d'une mauvaise gestion de l'agriculture collectiviste ; parallèlement, on assiste à une poursuite et à une aggravation des massacres arbitraires. L'invasion vietnamienne, qui débute au Noël 1978, est perçue par beaucoup comme salutaire.

Les ayatollahs iraniens

Le terme « ayatollah » se réfère aux chefs des musulmans chiites duodécimains, et notamment aux souverains de l'Iran moderne. En 1979, après des décennies d'exil à Paris, l'ayatollah Rouhollah Khomeini devient le chef suprême. La Perse est rebaptisée Iran en 1925 alors que le shah Reza, prenant modèle sur Kemal Atatürk, tente de séculariser une nation chiite depuis les Safavides. Les Alliés l'envahissent pendant la Seconde Guerre mondiale afin de sécuriser une voie d'acheminement du pétrole et de ravitaillement vers la Russie. Cette initiative contraint le shah à abdiquer en faveur de son fils Mohammad Reza Pahlavi, qui reconnaîtra ultérieurement le nouvel État d'Israël. En 1971, l'Iran célèbre de façon extravagante deux mille cinq cents ans de continuité monarchique. Toutefois, lorsqu'il prend la tête de l'OPEP après la guerre du Kippour, le soutien occidental faiblit. Les ecclésiastiques rassemblent et organisent les mécontents ; parallèlement, les soulèvements populaires reprennent. Le shah accorde une amnistie aux opposants en exil, mais en janvier 1979, il part à l'étranger pour se faire soigner. Le Premier ministre Chapour Bakhtiar demande à Khomeini de rentrer en Iran pour officier en tant que chef religieux, mais il déchaîne une révolution islamique de grande envergure.

La chute de l'Union soviétique

Leonid Brejnev destitue Khrouchtchev en 1964 : il resserre l'étau soviétique sur l'Europe de l'Est et augmente massivement les dépenses militaires. Cette situation, dont nul ne tirera un quelconque avantage économique, commence à déstabiliser le bloc de l'Est. Des tentatives de sécession sporadiques ont lieu, notamment en Hongrie en 1956 et à Prague en 1968, mais elles sont réprimées par la force. Fin 1979, Brejnev envoie des troupes en Afghanistan, en partie pour circonscrire l'influence des ayatollahs mais aussi pour trouver une utilité à l'armée et aux usines de munitions, pierre angulaire du filet de sécurité d'une économie planifiée; cette invasion aura des répercussions durables. Les éphémères successeurs de Brejnev dans les années 1980 sont incapables d'endiguer le mécontentement nationaliste croissant au sein des pays satellites de la Russie. Le syndicat polonais Solidarité, créé en 1980, en est un tout premier exemple, qui finit par obliger le gouvernement communiste à tenir des élections libres. Suite à sa nomination au poste de secrétaire général du parti communiste de l'Union soviétique en 1985, Gorbatchev renoue le dialogue avec l'Occident. Il accepte de tisser de nouveaux liens commerciaux avec la Grande-Bretagne de Margaret Thatcher et de reprendre les pourparlers avec le président des États-Unis Ronald Reagan, dont les plaisanteries maladroites avaient jadis placé l'URSS en état d'alerte élevé face à une menace d'invasion ; la cordialité de ces discussions étonne le monde entier. Le terme *glasnost* (transparence, notamment perceptible après la catastrophe de la centrale nucléaire de Tchernobyl) et celui de *perestroïka*, synonyme de réforme économique générale, marquent un changement générationnel depuis la paranoïa de la guerre froide. Ces notions auraient pu être comprises comme des concessions dans le but d'empêcher des mutations plus profondes, mais elles ont conduit à une libéralisation de chaque nation membre. Au cours des deux derniers mois des années 1980, on assiste au rejet du système de la part d'une myriade d'États soviétiques. L'Allemagne de l'Est autorise la libre circulation en novembre 1989 ; des citoyens enthousiastes démantèlent le mur de Berlin et la réunification politique des deux Allemagne a lieu en 1990. En Tchécoslovaquie, la Révolution de velours, pacifique, aboutit à la libération de prison du dramaturge Vaclav Havel, élu par la suite président du pays. En Roumanie, des reportages télévisés inexacts d'une manifestation réprimée dans la violence déchaînent une véritable révolte : le président Ceausescu est jugé et fusillé. Lech Walesa, chef du syndicat Solidarité, devient le premier président polonais. La Yougoslavie revient vers sa formation en États individuels, d'où la crise bosniaque. Suite à un coup d'État militaire manqué en août 1991, la Russie adopte ses propres formes de capitalisme et de démocratie ; l'Union soviétique est officiellement dissoute en novembre de la même année.

La guerre Iran-Irak

En septembre 1980, le président irakien Saddam Hussein tire parti du renversement du shah d'Iran pour raviver un conflit en cours depuis les années 1930. Le parti Baas de Saddam est perçu par l'administration Reagan comme un rempart sunnite contre les ayatollahs, raison pour laquelle celui-ci bénéficie de l'aide des gouvernements occidentaux pendant sa campagne. Toutefois, Israël et l'Amérique vendent également des armes à l'Iran afin de garantir de meilleures relations après la mort de l'ayatollah Khomeini, puis de financer ultérieurement les insurrections soutenues par la CIA au Nicaragua. L'Iran et l'Irak prennent pour cible les pétroliers et les villes de leurs adversaires. La guerre conventionnelle épuisante, d'une durée de huit ans – la plus longue du siècle –, fait partie des conflits pour lesquels les États-Unis ne peuvent permettre la victoire de l'un ou l'autre camp. Malgré des incursions violentes des deux bords au cours des quatre premières années, la guerre entre dans une impasse pour une période prolongée. Les stratégies irakiennes sont plus coûteuses en argent et en matériel. De fait, lors de l'annonce du cessez-le-feu et du rétablissement des frontières de 1980 en vertu d'un accord des Nations unies, l'Iran se proclame vainqueur. Toutefois, le rapatriement de la majeure partie des soixante-dix mille prisonniers de guerre ne survient qu'après l'invasion de l'Irak par les Américains en 2003.

عاشقان

La Bosnie

Suite à la chute de l'Union soviétique, les rivalités ethniques et culturelles dans ses pays satellites explosent après des années de répression communiste. Le fanatisme, élément déclencheur de la Première Guerre mondiale à Sarajevo, ressuscite après une interruption de soixante-quinze ans. La Yougoslavie, construction issue du traité de Versailles et qui rassemble plusieurs nationalités slaves différentes, conserve son unité pendant une génération grâce à l'action de Josip Tito. À sa mort en 1980, l'État s'effiloche lentement. La Slovénie et la Croatie se séparent en 1991, et la Bosnie-Herzégovine fait de même en 1992. Cette région est, globalement, composée pour moitié de Serbes et Croates chrétiens et pour moitié de Bosniaques musulmans. Les Croates et les Bosniaques cherchent à obtenir leur indépendance ; au contraire, les Serbes souhaitent que ces derniers s'unissent à la Serbie. Alors qu'éclate la guerre, les Serbes entreprennent un nettoyage ethnique, synonyme d'un génocide visant à débarrasser la région des musulmans. L'OTAN envoie des troupes en 1995 et met fin au conflit. Toutefois, on recense cent mille morts et encore plus de réfugiés. Les espoirs d'un État multi-ethnique pacifique s'effondrent dans la plus grande confusion, même si la plupart des coupables sont par la suite traduits devant le Tribunal pénal international.

Welcome to hell!

La guerre contre le terrorisme

En 1988, à la fin de la guerre Iran-Irak, Saddam Hussein utilise des armes chimiques interdites contre Halabja, village kurde à proximité de la frontière turque. Il faut néanmoins attendre son invasion du Koweït, pays producteur de pétrole, en 1990, pour voir les gouvernements britannique et américain se retourner contre lui. Les Nations unies entérinent de justesse l'intervention militaire baptisée « opération Tempête du désert ». L'Irak est vaincu, mais Saddam est autorisé à rester au pouvoir. Toutefois, suite à l'attaque de New York par le groupe terroriste chiite Al-Qaida en 2001, le président George W. Bush, dont le père était président en 1990, déclenche une guerre pour destituer Saddam. Le *casus belli* officiel porte sur le gazage des Kurdes en 1988 et l'existence présumée d'armes de destruction massive. Le Royaume-Uni est le seul pays à apporter une aide matérielle pendant l'opération Bouclier du désert. Saddam Hussein est traduit en justice et pendu par les nouvelles autorités irakiennes, mais on ne trouve aucune arme de destruction massive. Bush Jr. fait un lien fallacieux entre Al-Qaida et Saddam et déclare que les actions américaines font partie intégrante d'une guerre contre le terrorisme. Les talibans, secte chiite afghane, soutenus par les États-Unis dans leur action de résistance par rapport à l'invasion soviétique en 1979, sont la première cible de cet assaut.

Les forces de l'OTAN se déploient en Afghanistan et subissent de lourdes pertes : le Pakistan voisin devient le refuge des talibans et des membres d'Al-Qaida, notamment d'Oussama Ben Laden, ancien allié des États-Unis et fondateur d'Al-Qaida, mais il n'est pas envahi. De même, la Turquie, voisine de l'Irak et alliée de l'Amérique, loin d'être condamnée pour l'aggravation de la répression, bénéficie d'un appui. Certains musulmans européens se radicalisent, et Madrid et Londres figurent parmi leurs cibles ; d'autres deviennent plus craintifs, leurs gouvernements recourant à la sécurité pour justifier une recrudescence de la surveillance et des restrictions. La Russie tire parti de la perception de la terreur islamique lors de ses tentatives visant à faire avorter la tentative d'indépendance tchéchène. Un attentat à la bombe organisé par un musulman d'origine russe lors du marathon de Boston en 2013 renforce le sentiment aux États-Unis selon lequel la politique au niveau mondial se transpose au niveau local. Depuis la mort de Ben Laden en 2011, des mouvements tels que Boko Haram, ISIS et les Frères musulmans sont devenus tristement célèbres. De nombreux gouvernements recourent à la peur comme prétexte pour imposer des lois draconiennes ; toutefois, face à l'utilisation d'Internet par des citoyens plus jeunes et occidentalisés, on assiste à une aggravation des tensions et à des alliances brèves et improbables entre des mouvements pro-démocratiques et des factions chiites ayant adopté des lignes de conduite dures, comme l'illustre l'échec du Printemps arabe en 2011.

Le resserrement du crédit

Depuis 1979, les gouvernements sont confrontés à une déréglementation des services financiers ; on assiste, en outre, à l'apparition de Bourses internationales automatisées en 1986. La Chine et le Moyen-Orient baissent les taux d'intérêt mondiaux, entraînant un excès d'épargne. En 2001, le président de la Réserve fédérale réduit les taux américains de un pour cent. Les investisseurs cherchent des rendements et se tournent vers l'achat d'hypothèques alors que, dans le but de garantir le flux continu de la demande de prêts hypothécaires, les États-Unis diminuent le montant de la garantie exigée par les prêteurs fédéraux. Les fonds de pension et les banques européennes empruntent d'énormes sommes d'argent américain bon marché afin d'investir dans des hypothèques, supposant que les défaillances seront circonscrites. Pourtant, celles-ci font boule de neige alors que les petits investisseurs font face à des pertes de revenus résultant des défauts de paiement précédents ; de même, on assiste à un déluge de saisies de maisons dévaluées. Les prêteurs fédéraux mettent la clé sous la porte en août 2008, entraînant la faillite de la banque Lehman Brothers. L'implosion déclenche une récession mondiale comparable à la grande dépression. Les gouvernements, contraints d'intervenir directement, ont depuis renfloué les banques pour sauver emplois et épargnes personnelles.

Ce graphique, basé sur les statistiques britanniques, montre la chute brutale du rendement économique et la flambée des taux d'intérêt, illustration type du resserrement du crédit dans de nombreux pays.

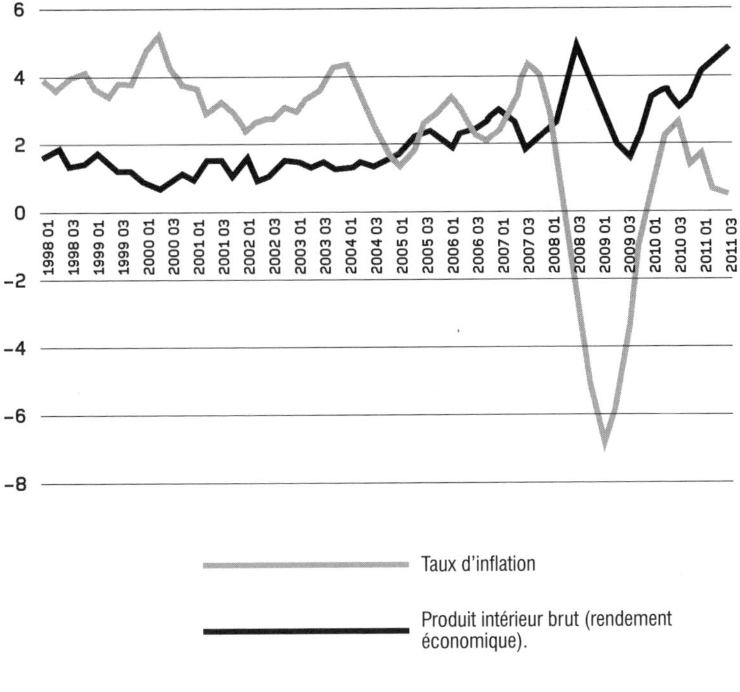

L'Internet

Les concepts de l'informatique sont élaborés dans les années 1930, alors que le stockage des données sous forme binaire, en une suite de 0 et de 1, suggère des modes d'exécution de processus logiques abstraits par des moyens mécaniques ou électroniques. Pendant la Seconde Guerre mondiale, le mathématicien Alan Turing pose les fondements de Colosse, machine programmable utilisée pour déchiffrer les codes secrets nazis, dont l'existence est classée secrète. Toutefois, les chercheurs américains conçoivent des dispositifs analogues peu de temps après. En 1947, William Shockley met au point un semi-conducteur, le transistor, ouvrant la voie à la miniaturisation des interrupteurs statiques. Durant les années 1960, l'armée américaine et les universités du monde entier développent ARPANET, premier réseau informatique qui intègre une messagerie électronique. En même temps, les ingénieurs britanniques créent le système de commutation par paquets afin de transmettre les informations numériques en rafales. En 1991, Tim Berners-Lee associe l'hypertexte aux protocoles antérieurs de partage des ordinateurs : la toile mondiale est née. Microsoft et America Online contribuent à sa popularisation dans les années 1990 ; simultanément, on assiste à l'avènement d'ordinateurs domestiques interconnectés toujours meilleur marché et plus rapides.

Index

Titre original :
World History in a minute

Copyright © Quercus Publishing Plc 2012
© Éditions Contre-Dires pour la traduction française, 2015

Traduit et adapté de l'anglais par
Christine Destruhaut

Éditeur : Guillaume Trédaniel
Maquette Pikaia Imaging
Texte par Tat Wood et Dorothy Ail

Les crédits des images constituent une extension de ce copyright.

Tous les efforts sont été faits pour contacter les détenteurs des copyrights. Toute omission accidentelle sera corrigée lors d'une prochaine édition.

ISBN : 978-2-84933-348-8

www.editions-tredaniel.com
www.facebook.com/editions.tredaniel

Crédits photos : 2 : Thomas Gun via Wikimedia; 13 : José Braga; Didier Descouens via Wikimedia ; 15 : Don Hitchcock via Wikimedia; 19 : E. R. Degginger/Science Photo Library; 21 : Eduard Kyslynskyy/Shutterstock ; 23 : Wellcome Library, London ; 25 : ianwoolcock/Shutterstock ; 27 : Sponner/Shutterstock ; 33 : mountainpix/Shutterstock ; 37 : Goran Bogicevic/Shutterstock ; 39 : Babich Alexander/Shutterstock ; 41 : Gerbil via Wikimedia ; 43 : Eduardo Rivero/Shutterstock ; 45 : Kamira/Shutterstock ; 49 : Mariusz S. Jurgielewicz/Shutterstock ; 51 : GunterKremer/Shutterstock ; 53 : Praxinoa via Wikimedia ; 55 : BuleSky Studio/Shutterstock ; 65 : Bpilgrim via Wikimedia ; 69 : KernB via Wikimedia ; 71 : Hung Chung Chih/Shutterstock ; 77 : conde/ Shutterstock; 79 : MorphartCreation/Shutterstock ; 81 : Oleg Senkov/Shutterstock ; 83 : Anton_Ivanov/Shutterstock; 89 : Sean Pavone/Shutterstock ; 99 : Heritage Images/Contributor via Getty Images ; 103 : Deamles for sale/Shutterstock ; 105 : World Imaging via Wikimedia ; 107 : Thomas Gun via Wikimedia; 113 : Karol Kozlowski/ Shutterstock ; 117 : lasahan via Wikimedia ; 123 : Brooklyn Museum via Wikimedia ; 129 : US National Archives and Records Administration; 135 : Daniel Prudek/Shutterstock ; 137 : World Imaging via Wikimedia ; 157 : JPRichard/Shutterstock ; 159 : Library of Congress ; 163 : Arena Photo UK/Shutterstock ; 167 : Sp ! ros via Wikimedia; 199 : fullempty/ Shutterstock ; 213 : Mary Evans Picture Library; 215 : Zurijeta/ Shutterstock ; 231 : Marzolino/Shutterstock ; 233 : Three Lions/ Stringer via Getty Images ; 243 : Mary Evans Picture Library; 257 : MorphartCreation/Shutterstock ; 265 : villorejo/Shutterstock ; 289 : Wikimedia/GermanFederal Archives ; 299 : Library of Congress ; 325 : Otis Historical Archives/National Museum of Health&Medicine ; 333 : Everett Collection/Shutterstock ; 339 : Popperfoto/Contributor via Getty Images ; 341 : Wikimedia/GermanFederal Archives ; 345 : Wikimedia/GermanFederal Archives ; 351 : MikhailSh/Shutterstock ; 357 : The Palmach Archive/Wikimedia ; 359 : Hung Chung Chih/ Shutterstock ; 367 : ©TopFoto; 371 : NASA; 373 : Library of Congress ; 375 : US National Archives and Records Administration; 377 : NASA; 379 : The National Archives (United Kingdom) ; 381 : NASA; 383 : Gamma-Rapho via Getty Images; 389 : GAROFALO Jack/Contributeur via Getty Images; 391 : Archive Photos/Stringer via Getty Images; 393 : BibliotecadelCongresoNacional de Chile; 397 : Kurita KAKU/Contributeur via Getty Images; 399 : GABRIEL DUVAL/Staff via Getty Images; 405 : Tom Stoddart Archive/Contributeur via Getty Images; 411 : ©Purepix/ Alamy.©Purepix/Alamy.Toutesautres illustrations par Tim Brown.

Imprimé en France - Nouvelle Imprimerie Laballery - 58500 Clamecy
Numéro impression : 507189